ブックレット新潟大学

留学生と新潟の国際化

南方　暁・柴田幹夫 ほか

新潟日報事業社

も　く　じ

はじめに……………………………………………………………… 4

第1章　新潟で学ぶ(1) ―留学生が来日するまで― ……………… 5

第2章　新潟で学ぶ(2) ―中国人留学生の現状― ………………… 18

第3章　国際化とことば(1) ―英語と日本語― …………………… 31

第4章　国際化とことば(2) ―日本語と外国人― ………………… 44

第5章　国際化という経験　―異文化との出会いの方法― ……… 57

あとがき……………………………………………………………… 69

はじめに

　毎日の生活で、外国のニュースに接しない日はありませんね。私たちは、意識してもしなくても、自分たちの生活が世界の国々や異なった文化と、いろいろな形でかかわっていることを感じるはずです。この本では、外国や異文化とのかかわりについて「留学生・新潟・国際化」という軸を立てて、意識的に考えてみました。留学生という主人公が、留学を通して留学先の人々や文化や制度と、どのようなかかわりを持つかに焦点を当て、異なった文化や社会の仕組みの中で生活することの意味を学ぶ入り口を用意したつもりです。今回の座標軸は、法制度、苦悩、言葉、異文化理解ですが、座標軸はそれに限りません。料理、笑い、音楽、スポーツなど皆さん独自の座標軸を用意して、異文化とのかかわりを考えてみると、皆さんとの違いや共通点をもっと身近に感じることができるでしょう。そして、異なった文化の人々とのかかわり方について、皆さん独自の枠組みをつくることが可能となるよう願っています。留学生が、言葉も十分伝えることができない社会で、心細いままに生活の第一歩を踏み出し、数多くの経験を積んで独り立ちしていくプロセスは、ちょうど若者の成長に似ています。そうすると、私たちが同じ文化の中で、他者とのかかわりについて自分の枠組みをつくりながら大人になっていくことは、留学と共通点があるのかもしれません。　　　　　（南方　暁）

第1章　新潟で学ぶ(1)　―留学生が来日するまで―

　国際化を「人・モノ・情報が国境を越えて行き交うこと」と考えると、留学生は、新潟の国際化を支える柱の一つといえるでしょう。ここでは、留学生が新潟で勉強を始めるに当たって直面すると思われる点を、法的な観点から考えてみます。

　日本人のあなたが外国の大学で勉強しようと決意したら、どんな手続きをとるでしょうか。大学から入学の許可をもらい、日本政府が出すパスポートを取得し、大学のある外国政府から留学ビザを得て、新潟をあとにするでしょう。もちろん、学費や生活費を用意しなくてはなりませんね。外国から新潟に来る留学生も同じような手続きをとるはずですが、留学生のお国柄によって、あなたが外国へ出掛けるときとはずいぶん違った経験をしています。

　留学生が、新潟で学びたいと計画しても、自分が住んでいる国の事情によっては、面倒な手続きをとる必要があったり、学費や生活費の問題も解決しなくてはなりません。また、日本政府からは滞在許可をもらう必要がありますし、大学で勉強するには日本語をどうするのかなどなど、処理すべきたくさんの問題があります。

　ここでは、留学生が新潟で学ぶために越えなくてはならない障害や、新潟で勉強や生活を始めると直面する、日本国籍を持っている者とは違った状況について触れていきます。そして、強調したいのは、留学生が新潟で勉強し、新潟の人々と交流を図る背後には、留学生にとって特有の問題があるということです。それは、あなたが留学した時に、外国で感じるものに通じるでしょう。留学生を介した国際化は好ましいこと

ですが、実りある国際化を実現するためには、留学は容易ではなく多くの課題があることを理解しなければなりません。

　それでは、「外国人留学生とは、我が国の大学、大学院、短期大学、高等専門学校及び専修学校（専門課程）において教育を受ける外国人学生で、『出入国管理及び難民認定法』別表第1に定める『留学』の在留資格により在留する者をいう」と定義される学生について、法的な観点から考えていきましょう。まず、新潟県が国際社会とどのようなかかわりを持っているかに触れて、次に、留学生の直面するさまざまな問題点を話していきます。

■新潟県民と国際化
〈新潟から外国へ〉

　2002年に出国した新潟県民は17万9,392人で、1997年の16万8,589人と比較すると減少しており、1997年の数値に回復していません。また、1999年の調査では、自治体人口に占める出国者は、1番が東京都の25.9％で、新潟は6.8％と全国では下から数えて9番目となっており、県民は外国へ行くことにあまり関心がないようです。

〈外国から新潟へ〉

　一方、新潟にやってくる外国人の数については、はっきり分かりません。新潟県の空港や港から入国した外国人は、1996年と2000年では、1万7,891人から2万8,969人と増加していますが、これらの数には新潟を通過しただけの者も含まれています。そこで、一定の期間に新潟で生活するために外国人登録をした人の数を見てみましょう（図1参照）。すると、1992年は6,674人だった外国人登録者数は、2001年には1万2,834人になっています。2001年の内訳は、中国が3,532人、韓国朝鮮が2,564人、フィ

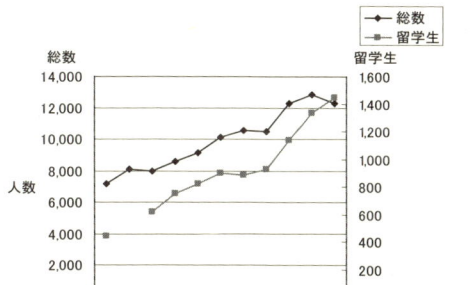

図1　新潟の外国人登録者数
※1993年の留学生は統計なし

リピンが2,304人、ブラジルが1,390人、そのほかが3,044人でした。全国での外国人登録者数の変化は、1992年には、128万1,644人であったものが、2001年には177万8,462人となり、1.4倍の伸びを示し、新潟では1.9倍の伸びとなっています。このように新潟で継続して生活する外国人は増加していますが、県民に占める割合をほかの都道府県と比較してみると、東京都では2.4％（2000年）、次が大阪府で2.3％、全国平均は1.3％ですが、新潟県は0.5％にとどまっています。

〈新潟における留学生の増加〉

　次に、留学生の数の変化を見てみましょう。まず、全国の統計を見ると、1992年には4万8,561人だった留学生が、2002年には9万5,550人と1.9倍に増加しています。新潟では1992年にはわずか439人だった留学生が、2002年には1,443人と3.3倍になっています。また、この間、外国人の中で留学生の占める割合は、6.6％から10.4％になっており、全国平均4.6％（2000年）と比較すると、新潟では留学生の占める割合が高いことが分かります。

■留学生が新潟に来るのは大変？
〈自国を出るための手続き〉

　留学生が、日本の大学で勉強しようと計画すると、まず出国のための

さまざまな手続きを踏まなくてはなりませんが、自国の事情によって、簡単に出国できるとは限りません。

　例えば、兵役のあるA国からの留学を考えてみます。A国では、男性の学生の多くは国内の大学に入学すると、1年生の時に教養科目をとって、2年目に兵役に就き、兵役を終えてから専門の勉強を始めます。しかし、留学生は兵役年齢前に日本に来ますので、自国の兵役を扱う官庁へ日本の大学の発行した入学許可証を提出して、兵役延期の許可をもらわなくてはなりません。この許可がないとパスポートを発給してもらえないのです。また、日本の大学に留学し4年で卒業した後、日本の大学院に進みたい場合には、兵役延期をあらためて申し立てなくてはならないのですが、申し立てが認められる保証はどこにもありません。そこで留学生は、兵役をいつ終わらせるかを常に考えていないと、大学でじっくり学ぶことができないのです。なお、女性の場合には兵役がないので、男性に比べると比較的容易に外国で学ぶことが可能となっています。

　またB国では、自国の大学は授業料を徴収しないので、大学卒業後に自国で就職せず日本の大学院に進む場合には、一定のお金を国に納める必要があります。この支払いを済まさないとパスポートを発給してもらえません。

　このように留学生は、自国のさまざまな規制のもとに置かれているので、留学したいと思っても、簡単に外国へ出ることができないのです。

〈日本入国の手続き〉

　留学生は、日本入国のために必要な在留資格認定の申請手続きをしなくてはなりません（出入国管理及び難民認定法7条および7条の2）。留学生は、①進学する大学から入学証明書を発給してもらい、②滞在する所を管轄する入国管理局に在留資格認定証明書の発給を求め、③在留資格認

定証明書が発給されると、それを持って自国の日本国大使館（領事部）へ査証発給を申請し、④日本入国に必要な査証を発給してもらう、という手続きをとらなくてはならないのです。この手続きは、留学生の個別事情によりますが、多くの場合3カ月くらいかかるといわれています。

　自国でパスポートを取得して、日本国からも在留資格認定証明が出ると、留学生は新潟にやってくる法的な資格を得ることになります。現在、国際交流が盛んになっていますが、一人の留学生が新潟に着くまでには、ずいぶんと手間がかかっているのです。

■留学生が新潟に来てからは？
〈新潟ですぐすること〉

　留学生が新潟に来ると、①外国人登録（外国人登録法3条1項）、②国民健康保険加入手続きを速やかにしなくてはなりません。留学生は、入国してから90日以内に、パスポートと写真を持って市役所に行き、登録を済ませます。登録の内容は、パスポートに書かれているもののほか、署名も求められます（なお、2002年までは登録に当たって指紋押捺の義務があり、人権問題として議論があった）。

〈外国人登録をめぐる問題〉

　留学生は、外国人登録証をいつも携帯し、警察官などの求めがあれば提示しなければならない義務を負っています。もし、家に忘れて携帯していないところを警察官に発見されたら、罰金を科されます（外国人登録法13条1項・18条の2の2項）。外国人登録は、日本人にとっての住民登録のようなものと説明されます。しかし、日本人は住民登録を怠っても過料を科されるにすぎませんが（住民基本台帳法51条・過料は刑罰ではないので罰金と異なり前科にはならない）、外国人登録証は常に持っていないと犯

罪を行ったとの扱いを受け、刑罰の一種である罰金を科されます。

　次に、学部学生として4年間在学し、その後大学院に進学したい場合、在留資格を更新して大学院2年間の留学生資格の延長をする必要があります。その場合、大学に在学して研究していることを証明できれば在留資格の更新は認められますが、この判断は、入国管理局当局の裁量にゆだねられているので、在留資格の更新が必ず認められる保証はありません（出入国管理及び難民認定法21条など）。なお、外国人登録は5年間有効ですが、その後は切り替えをしなくてはなりません（外国人登録法11条1項）。

　また留学生は、日本国から外国に出る場合には、再入国手続きをとる必要があります（出入国管理及び難民認定法26条）。再入国の許可は、何度でも再入国できるものと、1回限りのものに分かれています。このように、留学生は自由に自国や他国に移動し、また新潟に帰ってくるというわけにはいかないのです。

〈資格外活動をするには？〉

　留学生は、勉強が目的で日本に滞在するので、収入を得るために仕事をすることは好ましくありません。しかし、現実には経済的に苦しい留学生もいるので、アルバイトは認められています。学業との関係で、1週あたり28時間、夏休みなど長期休暇の場合には1日8時間に限って、風俗営業などを除いた仕事が可能です。留学生は、留学の在留資格で入国しているので、入国管理局から「資格外活動」の許可を得て働いています（出入国管理及び難民認定法19条2項）。

〈病気になったら？〉

　自国の文化や環境と異なる社会で生活する留学生が病気になった場合、医療費負担は決して軽くありません。そこで、1年以上滞在する留学生は国民健康保険に加入する義務を1986年から負うようになりました

（国民健康保険法施行規則）。さらに、留学生の負担を軽くするために、日本国際教育協会という機関が、医療機関で支払った80％を補助しています。留学生は医療機関にかかっても、最終的には医療費の6％程度を支払うだけで治療を受けられます。

　ただ、病気になると医療費負担だけでなく言葉やそのほかの問題も出てきます。留学生の母語によっては通訳を探すことができなかったり、手術に関して家族の同意が必要とされる緊急の時に、速やかに自国の家族と連絡が取れないなど、留学生は健康をめぐって不安な状況に置かれることもあります。

■留学生と毎日の生活
〈留学生と基本的人権〉

　日本国憲法は、基本的人権の享有（11条）、法の下の平等（14条）、思想及び良心の自由（19条）、集会結社および表現の自由（21条）などを規定しています。こうした憲法のもとで、留学生は、母国や日本国内で起きているさまざまな問題について自分の見解を公に述べたり、いろいろな活動を行うことができるのでしょうか。

　留学生が公に発言するとか、街頭行動を起こすとか、日本政府に公に要求を出すなどの行為をした場合、トラブルが起こる可能性が考えられます。日本人学生のこうした活動は、基本的人権に関する憲法規定に基づき法的に保護されるはずですし、街頭活動を行ったからといって、それが他人に対して損害を発生させた場合はともかく、行動が制約されたり、公の制裁あるいは不利益を加えられることはありません。

　ところが留学生の場合には、在留資格の認定時に条件が付けられていること、在留資格を認定する日本国は裁量権限を持っていることなどに

よって、自由に行動を起こしにくいのです。つまり留学生は、このような行動を取った場合、在留資格の取り消しや更新が認められないという危険を冒さないといけないのです（最高裁判所判決昭和53年10月4日最高裁判所民事判例集32巻7号1223頁）。その意味では、留学生は黙って考える限り100パーセントの自由を持っていますが、考えを公に表明する自由を保障されているわけではありません。このような制約の中で、留学生は日本社会で生活し、日本の人々との交流を図っているのです。

〈事故に遭ったら？〉

留学生が慣れない社会で生活をすると、さまざまなモメゴトに巻き込まれるかもしれません。そこで、新潟で交通事故に遭ったと想定してみましょう。留学生には落ち度がなく、加害者に一方的な責任があるという単純な事例を考えてみると、病院に担ぎ込まれ、医療費がかかり、かつ長期にわたって勉強ができないなどの場合、留学生は加害者に対してどのような責任を追及することができるでしょうか。

日本人学生と同じように、病院での治療費や、アルバイトをしていて入院による欠勤で生じた損害などを、加害者に請求することはできます。そして、こうした損害は計算しやすいので、損害額を決めるのはそれほど大変ではありません。

しかし、損害はそれだけではなく、痛い思いをしたとか（これを償うのは慰謝料という）、重度の身体障害になり将来の就職先が限られてしまったとか、最悪の場合には死亡という結果も考えられます。そこで、もし事故に遭わなければ将来得られたであろう財産（逸失利益という）なども損害として扱うことができるとされています。

ところが、こうした額の算定は日本人の場合でも簡単ではなく、さらに留学生という特殊な要素が加わると複雑になります。一般に、留学生

だから額が低いということはありませんが（最高裁判決平成9年1月28日前掲51巻1号78頁）、慰謝料や逸失利益の算定をする時に、留学生は学業を終えると母国に帰るのか、日本にそのまま滞在するのかなどの事情が考慮されることがあります。

〈逸失利益は？〉

留学生が卒業したら母国に帰るという前提に立つと、母国の物価水準で損害額を計算するべきであるという考え方が出てきます。日本の物価は世界で高い方ですから、同級生である留学生と日本人学生が同じ事故に遭っても、こうした方法で被害額を決めると、留学生は日本人学生の何分の一程度しか損害額を認めてもらえません。

また、留学生が卒業間際で卒業すると日本で就職するとか長期滞在の可能性が高い場合（名古屋高等裁判所判決平成5年5月26日交通事故民事判例集263巻589頁）と、母国へ帰国すると思われる場合（東京高等裁判所判決平成7年1月19日判例タイムズ866号244頁）とでは、損害額が異なることもあります。留学生が1年生であると、将来が具体的に予測できないので日本で就職する可能性は否定されませんが、卒業間際だと将来がある程度はっきりと分かるので、母国に帰ったとして逸失利益が算定されることもあります。

卒業後の進路が必ずしも明確でない留学生の逸失利益については、日本人と同じように算定すると不公平だと加害者側から指摘されそうです。つまり、母国に帰ってしまうかもしれないのに「日本にいたら得られるであろう金額」をなぜ払わなくてはならないのかという疑問です。しかし、日本人が被害者の場合でも、逸失利益が認定され被害者へ賠償がなされた後で、比較的すぐに被害者が死亡してしまっても同じような不公平感は残るので、留学生というだけで不利に扱われるのは問題で

しょう。
　さらに国際化というのであれば、そもそも留学生が必ず母国に帰るという前提で論議の枠組みを考えるのは疑問です。卒業後、留学生は母国に帰る、日本に残る、あるいはほかの国に移るなど多様な将来を想定することができるはずなので、留学生の母国の物価基準で判断するという姿勢は問題があると思われます。
〈慰謝料は？〉
　慰謝料をめぐっても、留学生は母国に帰るのだから母国の物価水準で処理するという考え方があります。あるいは、慰謝料を算定するときにはさまざまな要素を考慮するので、母国の物価水準を一つの考慮事項とするという見方もあります。ここでも同じように、留学生は母国に帰るのか、日本に残るのかが議論されます。しかし、心の痛みは国籍に関係なく生じるので、留学生であることを理由に慰謝料を決めるのはおかしいという見解もあり（高松高等裁判所判決平成3年6月25日判例時報1406号28頁）、個々の事例で取り扱い方が異なっています。

■留学生と日本人の結婚
〈結婚の要件〉
　結婚する条件は国によって異なりますから、さまざまな問題が生じてきます。例えば結婚年齢ですが、日本人の場合には、親の同意を得れば男性18歳、女性16歳で結婚することが可能です。一方、親の同意は不要でも男女とも結婚できるのは18歳という国もあります。さらに、同じ宗教でなくては結婚を認めないという国もあります。こうした状況のもとでは、日本の法律が規定する条件に合わなければ、日本国内での結婚は有効に成立しません。また、複数の妻を認める国もありますが、日本で

は一夫一婦制をとっているので、こうした結婚も日本法の下では認められません。それぞれの国による法制度の違いから出てくる問題を調整するために、法例などの法律があります。

〈留学生と戸籍〉

婚姻届を出すと夫婦単位で新しい戸籍が作られ、夫婦の氏名などが登録されます。しかし、戸籍には日本国籍を持つ者だけが記載されるので、留学生は戸籍の身分事項欄には登録してもらえません。日本人配偶者の記載事項に、外国人と結婚したことが書かれるだけです。日本人同士の結婚では、夫婦のどちらか一方の姓を名乗らなくてはなりませんが、外国人は姓を持たないと解釈されていますので、結婚して留学生の姓（family name）を名乗りたい時には、結婚後6カ月以内に届け出るか、また、その期間が過ぎた場合には、家庭裁判所に姓の変更を申し立てる必要があります。

〈留学生と離婚〉

日本人と結婚した留学生が離婚する場合には、留学生の母国の法律と日本法との整合性が問われます。日本では、夫婦が話し合って離婚できますが（協議離婚）、こうした離婚制度を持っている国は少ないのです。多くの国は、裁判所が離婚を認める形をとっていますので、留学生の母国の裁判手続きを確認する必要があります。

次に、離婚に伴って財産の処理をする場合、とりわけ離婚慰謝料や離婚後の扶養を考えるときに、留学生の事情が問題になります。交通事故の処理と同じように、損害や離婚後の生活保障をどのような基準で行うべきかが問われます。留学生は帰国するのが当然であるとして、物価の違いを考慮し損害の算定をすることもありますが、その結果、留学生に不当な不利益をもたらす危険があります（仙台高等裁判所秋田支部判決平成

8年1月29日家庭裁判月報48巻5号66頁参照)。

〈留学生の就職は？〉

　留学生の中には、自分の能力を生かすために、日本に残って仕事に就く学生も少なくありません。日本人の間でも男女の差別があるように、職業に就く場合にも留学生は異なった扱いを受けています。

　法制度の上では、留学生が日本国籍を持たない限り、選挙で選ばれる議員や（公職選挙法10条）、外務公務員にはなれません。議員は選挙権を持つ日本人を代表しているという理由で、また外務公務員は日本国の利益を代表するという理由で、外国籍のままでは仕事を全うできないと考えられているのです。公務員については、法律がないにもかかわらず、国家公務員および地方公務員にはなれないと解釈されています（東京都や大阪府など地方自治体の中には、一部の職種を除いて外国籍の者を雇用しているところもある）。公務員は当然日本人という考え方があるのでしょうが、公務員の仕事にはさまざまな内容のものがあるので、条文の根拠もないのに一律に制限を課すことには批判があります。司法の場では、外国籍の者は弁護士にはなれても裁判官や検察官にはなれません。

　一方、公権力とかかわりのない会社は、国籍を理由に差別的な扱いをしてはいけないとされています（労働基準法3条）。母語や文化、そして学んだことを高く評価されることもありますが、まだ日本人学生と同じレベルで採用されているとは言い難いようです。

　留学生が就職するには、在留資格を変更する必要があります。全国で変更が認められた留学生は、1994年と2000年を比較すると2,395人（申請者数2,555人）から2,689人（同3,039人）と増加していますが、就職先は、企業規模が2,000人以上の大企業は6.9％で、99人以下の中小企業が54％を占めています（2000年）。企業の所在地は東京が1,389機関で1番多いの

ですが、新潟はわずか3機関で、全国では下から数えて2番目です。

〈結　び〉

　すでに触れてきたように、留学生が新潟で学ぶということは決して簡単ではありません。留学生は来日するまで、そして来日してからも、さまざまな法律の網の中で数多くの制約を受けながら学んでいるのです。こうした制約の中には、合理性を持たないものもあるので、国際化を進めるためには制度を変えたり、新しい仕組みを用意すべきでしょう。こうした変更や創造を行うに当たって、国際協調の視点に立って人権規定を持っている日本国憲法の諸原則、1948年の世界人権宣言、1966年の国際人権規約、1995年のあらゆる形態の人種差別の撤廃に関する国際条約などの法原則を念頭に置くべきでしょう。

　こうした法原則の観点から留学生の置かれている状況を見直すことは、留学生との相互理解を深めるだけではありません。外国で学ぼうとするあなたが留学生として同じような状況に直面した時に、きっと何か示唆を与えてくれると思います。国際化とは、留学生と立場を入れ替えてものを考えることができること（立場の互換性）でもあるのです。

（南方　暁）

【参考文献】

上田正昭『ハンドブック国際化のなかの人権問題』明石書店（1998年）

国際結婚を考える会編『国際結婚ハンドブック第4版』明石書店（2002年）

新潟県企画調整部統計課編『新潟県統計年鑑』新潟県企画調整部統計課

法務省大臣官房司法統計部『出入国管理統計年報』財務省印刷局

第2章　新潟で学ぶ(2)　―中国人留学生の現状―

　現在、私たちの周りには多くの外国人の姿が見られるようになりました。新潟県内には、1万3,583人が外国人登録をしています（2002年12月末現在）。また新潟市でも3,439人の外国人が登録をしています。（『新潟市統計書』2002年度版）。私たちの新潟大学においても世界各国から多くの留学生や研究者、教員などを迎えています。学内では、留学生の姿をあちらこちらで見かけるようになりました。筆者が大学生活を送った20数年前には、考えられなかったことです。留学生10万人計画など、国を挙げての政策などによるものもあるでしょうが、何よりも日本が「国際化」したことにほかならないでしょう。

　新潟の地は1858年の日米修好通商条約によって、長崎、神戸、横浜、函館とともに5港の一つとして開港されました。その結果、新潟にも外国人が訪れるようになりましたが、人数としては少なく、領事館もあまり置かれていなかったようです。1882年には、領事館がなくなったという記録さえあります。中国人は明治の初めころにはわずか1、2人しかいませんでした（『新潟市史』通史編3巻）。

　ここでは新潟に一番多くいる外国人、すなわち中国人留学生に焦点を絞り、彼らを取り巻く現状や諸問題を考えていきたいと思います。

　はじめに、2003年に世間を騒がせたSARS問題を取り上げます。なぜならばこの問題はただ単に医療問題だけでなく、人権問題にも大きくかかわっているからです。次に、中国人留学生に関する出来事を上海ビザ不発給事件、酒田短期大学事件を通して考えてみました。また、中国人留学生が現実に抱えている問題に少し触れます。最後に、留学生を通

して「国際化」という問題を考えました。この小論を通じて留学生問題を考える機縁となれば、うれしい限りです。

■SARS問題と中国人留学生
　2003年の春先から7月にかけて、中国や中国人留学生を取り巻く大きな問題が起こりました。SARS問題です。これは「重症急性呼吸器症候群」と呼ばれるもので、主な症状は38度以上の高熱やたんを伴わないせき、息切れと呼吸困難が見られるというものです。中国の南部地方から発生したといわれています。2月に香港やベトナムで患者が報告されて以来、世界各地に拡大していったことはすでに承知のことと思います。2003年7月にWHO（世界保健機関）がSARS終結宣言を出しましたが、まだ感染の主要原因や治療、予防法が確立されたわけではありません。
　特にこの病気が大きな波紋を呼んだのは、中国政府当局によるSARS患者の公表の遅れと患者数の虚偽報告、隠ぺい工作が明らかになったことです。これにより中国の国際的信用が大きく損なわれました。東アジアが発生源となったので、東アジアに属する私たち日本も大きな影響を受けました。新潟県や新潟市をはじめとする地方公共団体は、相次いで中国との交流活動を中止あるいは延期しました。新潟大学でも留学生の佐渡旅行や中国へのサマーセミナー、研究者の中国訪問などの中止や延期を余儀なくされました。台湾のSARS医療従事者が日本国内を旅行したということで、日本国内が大騒ぎをしたのも記憶に新しいことです。
　さて、このSARS問題によって私たちの周りで一番影響受けたのは、実は中国人留学生です。4月半ばからの新聞記事などを見てみると、医

図1　新潟県内の大学における中国人留学生の数

年度	新潟大学	長岡技科大	上越教育大	国際情報大	新潟産業大	長岡短大	新潟薬科大	敬和学園大	長岡大学	新潟経営大
5	74	37	11	15	8		4	2		
6	94	38	14	18	21		3	6		
7	115	39	14	15	39	12	1	7		
8	134	34	13	13	50	10	2	5		1
9	130	29	12	15	59	17	2	3		1
10	133	28	14	18	60	25	2	2		1
11	157	23	20	21	55	27		3		2
12	185	22	28	19	63	34	1	4		5
13	201	18	30	13	106	19	1	4	32	20
14	219	20	35	13	160		2	16	93	31

（「にいがた」新潟地域留学生等交流推進会議資料より作成）

学的見地からの報道や情報隠しと中国の政権争いの問題を絡ませて報じている記事が多く見られますが、その中で気になる記事に出合いました。上越教育大学で起きた中国人留学生隔離問題です（毎日新聞・新潟地方版2003年5月23日付）。対象となった留学生は中国ハルビンから来た学生ですが、本人は「自分の意思でセンター（職員研修センター）の外に出ないので隔離とは思っていない」と言っていますが、大学には「医学的な根拠に基づかない処遇で人権侵害だ」という抗議も寄せられています。事実、ハルビン地域からはSARS患者は出ていませんでしたし、一方で日本に来たばかりの留学生は大学の指導に従わなければならなかったでしょう。人権侵害だという指摘もうなずけるところです。

さらに毎日新聞2003年6月1日付朝刊では、「気になるアジア人差別　新型肺炎流行」という記事を載せています。「日本やアジア各国と同様に米国でも、新型肺炎『重症急性呼吸器症候群』（SARS）が大きな関心

を集めている。それとともに、アジア系住民の肩身が狭くなっている。咳をすればＳＡＲＳかと疑われかねない」といい、「比較的高い死亡率からＳＡＲＳへの恐怖心があるけれども、歴史的にはもっと怖い病気はあったはずである。過剰な恐怖心が引き起こす西洋でのアジア人差別や、日本での中国人差別の危険性にも目を向けたい」と、この記事は結んでいます。感染を引き起こす病気だけに異常なまでの注意喚起は理解できますが、やりすぎにならないように気を付けたいものです。

■上海留学生ビザ不発給事件

　私が上海に留学していた1988年は、まさに若者の出国ブームでした。北京「愛国」―上海「出国」といわれるほど、若者は海外に生活の拠点を求め始めました。当時、日本の留学生の受け入れ制度には保証人が必要であり、簡単には留学できませんでした。そのため、日本人と見れば遠慮なく保証人を頼んでくるという現象が多く見られました。それに輪をかけて、日本語学校が留学生（就学生）獲得攻勢をかけてきたので、若者の目はすっかり海外、特に日本に向いていました。日本総領事館前では、多くの若者が日本行きのビザ（査証）を求めて並んでいる姿を毎日のように見ました。1988年11月には、日本語学校に授業料などを払い込んだのにビザが発給されないことに抗議して、日本総領事館前でデモ行進を行い、座り込みをする若者の姿を目撃したこともありました。

　この日本留学をめぐる行動は日本でも大きく報道されました。「パスポートを持ちながら入国ビザを待っている中国人は、上海市内だけで3万5000人いるといわれ、そのほとんどが仲介役の中国人を含めてブローカーや日本の日本語学校に20万円から30万円に近い"入学金"を払い込んでいる。また、ビザ申請とともに上海での職場を解雇されたものも少

なくなく、半年以上もビザ待ちを続け、焦りと不安に拍車をかけている」（朝日新聞1988年11月15日付）。このように中国からの日本留学は、日本語学校への留学を通してピークを迎えます。ただ、前述の事件を契機にして日本語学校は一定のガイドラインを作りました。「不法就労の"隠れミノ"になるなど、悪質な日本語学校が乱立する中で23日、遅ればせながら日本語教育施設の運営に関する基準（ガイドライン）の骨子ができあがった」（朝日新聞1988年12月24日付東京本社版）。ただこの日本語学校の入学に関する規制が、やがて大学の問題になろうとは夢にも思いませんでした。

■酒田短期大学事件

　2001年11月20日付の毎日新聞に「留学生集めはビジネス」という酒田短期大学の記事が紹介されています。酒田短期大学は山形県酒田市にある短期大学で、「経営起業」「国際ビジネス」「観光、地域デザイン」のコースを有する、地域に根差した短期大学です。その地方短期大学が急に注目を浴びたのは、留学生を大量に受け入れ始めたからです。前述の新聞記事によると「酒田短大は99年度には学生数が81人と定員(200人)の半分以下に減った。学生不足を補う切り札として翌年、中国東北部から留学生を受け入れ始めた。現在は留学生が330人に上り、在籍者の94％を占める」とあります。大学の国際化ということが声高に叫ばれて久しいですが、9割以上が留学生ということは異常であると思います。

　さらに留学生の多くは、地方都市である酒田市ではアルバイトもできず、多くは東京に出てアルバイトをしていることが分かりました。記事は続けて「人口約10万の酒田市に大量の留学生がアルバイトをする場所はない。稼ぎ口を求めて多くは上京し、今では220～230人が東京に住ん

でいる」と述べています。そうした中で、短大は東京都内に分校を置き、ビデオによる授業をしているというのです。そこには登録した留学生の約9分の1の座席数しか用意されていなくて、また座席が埋まることはほとんどありません。このような実態が明らかになり、留学生集めを教育の一環としてではなく、学校を存続させるためのビジネスとして行った実態が問題となったわけです。

その上、文部科学省の外郭団体から交付された奨学一時金を留学生に渡さず、大学の運転資金として流用していたことや、東京に流入した学生が資格外アルバイトで逮捕されるなど、酒田短期大学の問題性がだんだん明らかになってきました。このような事態を受けて入国管理行政を預かる法務省は、新入生全員の在留資格認定証明書を交付しないことを決めました。実際に、2001年仙台入国管理局は、入学予定者の在留証明書の交付を認めませんでした（朝日新聞2002年2月6日付）。

さてここで問題を整理してみましょう。特に地方の大学、短期大学は少子化を迎え、入学者が定員に満たないケースがおよそ3割にも上ります。そこで留学生を積極的に受け入れるという方針が、経営者サイドで決められます。ここにはおよそ教育機関という自覚や理念は存在しません。教育機関であるという自覚が存在しない以上、学費の回収こそが求められるのであって、東京都内に行ってアルバイトをしようが、逮捕されようが、大学にとっては問題ではありません。留学生にとっては、勉強する目的で日本に来たのに、いつの間にか学費を払うためにアルバイトに専念することになってしまっているのです。

■中国人留学生の悩み

中国からの留学生は、1980年代半ばぐらいまでは政府派遣の公費留学

生がほとんどを占め、その数も微々たるものでした。1984年の末に政府国務院は「私費留学に関する新規定」を発表して、私費留学の道を開きました。その後中国からの留学生は公費、私費を問わず増え続けていきました。私費留学生にとって一番大きな問題は経済的な問題です。入学金・学費・教材費・宿舎代・食費・健康保険費・交通費その他雑費などの費用を合わせると、かなりの額になります。もちろん、留学するに際して十分な経済的基盤が必要なことは言うまでもありません。しかしながらアルバイトをして学費を捻出したり、奨学金を受領したり、学費の減免を申請したりしている、いわゆる「苦学生」も大勢いるという事実に目を背けるわけにはいきません。残念なことに、学費や生活費のために働いて、学業をおろそかにする留学生もいます。前述した酒田短期大学事件が如実にそのことを表しています。

　そして経済的弱者が、教育・研究活動を経済的理由だけで受けられないというのもまた困ったことです。奨学金の整備拡充や学費の免除などが叫ばれるのも無理もありません。

　さらに宿舎問題も留学生にとっては大切なことです。快適で安い住居を提供されることは、留学生にとって大きな支えとなることでしょう。新潟大学には国際交流会館という留学生・外国人研究者向けの寮がありますが、部屋数が少なく入居を希望する留学生が入居できないという状況が続いています。安くて便利な宿舎であるために多くの私費留学生が入居できることが望ましいのですが、難しいのが現状です。

　次に挙げられるのは健康管理と医療保険の問題です。異国の地にあって、病気になったり交通事故やそのほかの事故に遭遇するようなことがあれば生活の不安は増し、教育・研究活動にも支障を来たすことがあります。研究の行き詰まりや異文化への不適応から生じるストレスや精神的

疾患などで、研究活動を中断せざるを得ない留学生も出てくるでしょう。
　以上、簡単に中国人留学生の悩みの現状を紹介してきましたが、ここに挙げたものは氷山の一角にすぎません。

■今日の「脱亜入欧」
　最初に古い話を紹介するのは気が引けますが、龍谷大学の田中宏教授は『在日外国人―法の壁、心の壁―』[新版]の中で、「一九六三年十一月に登場した『伊藤博文』の千円札は、留学生たちのあいだに、ある"ざわめき"を生んでいた。『田中さん、日本では歴史というものをどう見ているんですか。今度、千円札に登場した伊藤博文は朝鮮民族の怒りをかって、ハルビン駅頭で射殺されたんでしょう。それをこの期に及んでわざわざ持ち出すなんて』……」と書かれています。これと同じことは、一万円札の福沢諭吉についてもいえるかもしれません。
　福沢諭吉は『学問のすすめ』で身分の上下や貧富の問題などを問わず、学問の重要さを説きました。また明治維新以降、日本の近代化をけん引したのは、福沢の説いた「脱亜入欧」という考え方でした。福沢はこのように言っています。少し難解ですが、原文を引用してみます。

　　世界交通の道、便にして、西洋文明の風、東に漸し、至る処、草も木も此風に靡かざるはなし…国中朝野の区別なく、一切万事西洋近時の文明を採り、独り日本の旧套を脱したるのみならず、亜細亜全洲の中に在て新に一機軸を出し、主義とする所は唯脱亜の二字に在るのみ。我日本の国土は亜細亜の東辺に在りと雖ども、其国民の精神は、既に亜細亜の固陋を脱して、西洋の文明に移りたり。然るに爰に不幸なるは、近隣に国あり、一を支那と云ひ、一を朝鮮と云ふ。…我国は隣国の開明を待て共に亜細亜を興すの猶予ある可らず、寧

ろ其伍を脱して西洋の文明国と進退を共にし……亜細亜東方の悪友を謝絶するものなり。　　（「脱亜論」『福沢諭吉全集』10巻　岩波書店）
　もちろんここで言う福沢の考え方は、儒教を中心とした古来旧習のかたくなな考え方を捨てなければ、近代的な国家には到底及ばないという考え方でした。事実、福沢が説いた文明というものによって日本はアジア諸国のけん引車としての役割を十分に果たし、アジアにおいていち早く産業革命を成功させて、西洋列強諸国と肩を並べました。ただ、皆さんはどう考えるでしょうか。福沢によってアジアの悪友とされた中国や朝鮮の人々に対する考え方を。そしてこのような考え方を標榜した人物が一万円札に登場して、日本の、否、世界の金融の表舞台に立っていることを。
　実はここに問題があります。福沢諭吉が「脱亜入欧」を説いてから100年以上経ちますが、日本の国際化を考える場合には、まだこのことが継承されているように思えます。日本に来る留学生の大部分はアジア諸国からで、実に92.8％になりますが（2002年5月1日現在）、日本人が留学する先は80％強が欧米諸国となっています。海外に留学した日本人の数は2000年度では、およそ7万6,000人で、その中でアメリカが4万6,000人強でトップを占めています。そのアメリカから日本に来ている留学生は、1,200人あまりにすぎません。これを今日の「脱亜入欧」といっても言い過ぎではないでしょう。ここでいう欧とは欧米諸国を指します。
　私たちは中学生のころより、外国語科目として英語を学んでいることが多いようです。したがって英語を母語とする国から来た人たちには、興味や関心を持つことが多いようです。先進国だった西洋諸国に学ぶことが多く、外国人といえばアメリカ人、イギリス人などを指すようになったのかもしれません。

出身国別留学生数（平成2002年5月1日現在）

国・地域名	留学生数（人）
中　　　　国	58,533（1,609）
韓　　　　国	15,846（　900）
台　　　　湾	4,266（　－　）
マ レ ー シ ア	1,885（　253）
タ　　　　イ	1,504（　561）
イ ン ド ネ シ ア	1,441（　555）
アメリカ合衆国	1,217（　129）
ベ ト ナ ム	1,115（　443）
バングラデシュ	823（　454）
モ ン ゴ ル	544（　207）
そ　の　他	8,376（3,898）
計	95,550（9,009）

（　）は国費外国人留学生で内数

『我が国留学生制度の概要』（2003）より転載

日本人の主な留学先・留学生数（2000年）

国・地域名	留学生数（人）
アメリカ合衆国	46,497
中　　　国	13,806
イ ギ リ ス	6,163
韓　　　国	613
オーストラリア	2,200
ド　イ　ツ	2,040
フ ラ ン ス	1,446
カ　ナ　ダ	1,478
ニュージーランド	680
オーストリア	302

アメリカ合衆国はIIE「OPEN DOORS」、中国は中国教育部、イギリス、オーストラリア、ドイツ、カナダ、フランス、ニュージーランド、韓国、オーストリアはOECD「Education at a Glance」

『我が国の留学生制度の概要』（2003）より転載

ただ現在は、先ほど述べたようにアジア諸国からの留学生が90％以上を占めています。この現実をしっかりと見なければなりません。私たちは、欧米諸国から実に多くの恩恵を受けてきました。そのせいか私たちは、欧米諸国に対しては一歩引いているのかもしれません（白人信仰主義といえるでしょう）。その半面、アジアから来た留学生に対しては、居丈高な態度で臨むことが多いように思われます（外国人が起こした犯罪などで、まだ犯人が確定していないのに、アジア系の外国人の犯罪か、という記事をたびたび目にします）。新潟の小学校や中学校から留学生の派遣依頼が来ますが、その中でアジア系の留学生はお断りというのもありました。外国人といえば白人というような潜在意識が、多くの日本人の中にあるのではないでしょうか。

■おわりにかえて

　文部科学省は『我が国の留学生制度の概要』の中で、留学生交流の意義を「21世紀を迎えて、我が国に対する国際的期待は、一層強まり、我が国の国際的に果たす役割も、ますます重要度を加えてきている」と言っています。また「相互信頼に基づいた友好関係を築いていくことがきわめて重要である」とも言っています。その結果として「国家・社会の発展にとって人的能力の開発は、その基盤となるものであり、発展途上国における人材養成への協力は、今日ますます重要性を帯びてきている」と結んでいます。留学生交流の意義を、人材の養成と位置付けていることがよく分かります。特に発展途上国の場合は、人材養成を抜きには考えられないでしょう。留学生を受け入れる経緯の中ですでに紹介したように、昔は親日派の養成が留学生交流の大きな目的でした。しかし今は、国際社会の発展の中で留学生交流が大きな位置を占めていることに注目

してほしいと思います。

　発展途上国から日本へは多くの留学生が来ています。ただ、この人たちの多くは私費留学生で、経済的にはかなりの負担があります。私は新潟大学留学生センターで、奨学金の担当委員を長い間務めていました。多くの学生が、自分の窮状を半ば涙ながらに訴えていきます。その時にはただ励ましの言葉しか、かけられませんでした。しかしそのような境遇にもめげず、博士号を取得したり、母国に帰って大学の教員になる留学生も多くいます。それを聞いて私は、人ごとながら非常にうれしく感じます。

　新潟大学に寄せられるアルバイト依頼の多くは、外国人不可になっていることを皆さんはご存じでしょうか。そのような企業や依頼主に対して、何か有効な啓発手段はないのでしょうか。

　一般的に言えば、外国人、特にアジアから来ている留学生に対して、多くの偏見や差別があるようです。外国人の犯罪に対しても、その40％は留学生だというショッキングな記事がありました（毎日新聞2003年6月30日付）。資格外活動で逮捕された者の中には、大学の留学生もいたようです（ただこの記事は東京都内の外国人だけの話です）。留学生、特にアジアからの学生を取り巻く環境は厳しいものだと言わざるを得ません。日本との経済格差を見れば一目瞭然でしょう。私たちの住む日本は、言うまでもなくアジアに位置します。単に地理学的にアジアにあるのではなく、歴史的にアジアの一員としてその社会を形成してきたのです。日本には「怨親平等」とか「惻隠の情」と呼ばれる相互扶助の考え方がありました。決して留学生を特別視するのではなく、日本人、留学生という区別なく共に受け入れることができればいいと思います。

　先日テレビを見ていると、水泳の世界選手権で世界新記録を出して大

活躍した北島康介選手が、外国人記者クラブで講演していました。もちろん英語を使って話していました。「マイネーム　イズ　コウスケキタジマ…」あれっ？　彼はコウスケキタジマだったのかな…。北島康介ではなかったのかな。英語であろうと日本語であろうと、名前は変わらないはずです。もちろんまだ若い北島選手は、単に英語圏を含む多くの国で用いられている名前の呼称方法を使っただけであり、彼には何の責任もありません。私の周りにいる大学の教員や友人の中にも、名前をローマ字表記するときに名前を先に記し、名字を後に記す人が多くいます。なぜでしょうか。皆さんも不思議に思ったことはありませんか。中国では毛沢東はMao Zetongであり、決して名前はひっくり返ったりしません。新潟大学では名字を先に、例えば私の名前はSHIBATA, Mikioと表記するルールにしています。

　私は今、留学生と日本人学生との混在授業で「留学生と考える日本の歴史」を担当していますが、その中で国際化について聞いたことがありました。すると意外な答えが多く返ってきました。私は留学生との交流を通じて国際化というものがなされると思っていたのですが、実は「自分の国のことをよく理解して、相手に伝える」という答えが一番多かったのです。日本人学生であれば、まず日本を理解することが国際化につながるということでしょう。まさにその通りだと思います。（柴田幹夫）

【参考文献】
　岡益巳・深田博己『中国人留学生と日本』白帝社（1995）
　段躍中『現代中国人の日本留学』明石書店（2003）
　田中宏『在日外国人―法の壁、心の壁―』岩波新書（1997）
　文部科学省高等教育局留学生課『我が国の留学生制度の概要』（2004）

第3章　国際化とことば(1)　—英語と日本語—

　日本の国際化が話題になるときには、同時に英語の公用語化という話もよく顔を出します。この章では、国際語として認知されている英語の公用語化についてまず述べたあと、日本語を英語のような国際語にすることについて述べたいと思います。その中で新潟大学の学生が今どう考えているか、英語と日本語は言語学的にどう違うのかを簡単に紹介します。

■公用語とは

　まず、「公用語」という言葉を皆さんは聞いたことがあるでしょうか。テレビ、新聞、雑誌などで「カナダでは英語とフランス語の2カ国語が公用語として使われている」とか、「インドでは一説によると400以上の異なる言語が話されているので、英語を公用語にしている」というのを耳にしたことのある人がいるかもしれません。多くの人は公用語というと、ある国の中で公式の場で使われている言語だと考えるようです。間違いではないのですが、もう少し正確に「公用語とは何か」を理解して、それから日本での英語公用語論へと進むことにしたいと思います。

　手始めに、手元にある2つの辞書から公用語の項を拾ってみると、以下のように定義されています。（いずれも下線は著者）

　　【公用語】国内で数種の言語が用いられている国家で、その国の公けの目的、
　　特に政府の媒体として用いられる言語。　　　（『広辞苑・第五版』岩波書店）

　　【公用語】①公用文の用語②国内に数か国語が用いられている国家で、その
　　国の正式の国語として認められている言語。また、国際間に設けられた公的

機関で、法律的効力を持つものとして正式に認められている言語。

(『国語大辞典第一版』小学館)

　両者の定義に共通しているのは「ある国の中で複数の言語が用いられているということ」と、「その国の中で正式に認められ使用されている言語である」という2点だといえます。では日本における日本語の置かれている立場は、果たしてこれに当てはまるでしょうか。普通私たちは、日本では基本的に日本語だけを使って生活していると思っているはずです。もちろんカタカナ言葉として外来語が一部交じってはいるものの、日本語を使っているという意識に変わりはないはずです。たとえば知らない2人が違う方言で話し始めて、これでは相手に通じないと悟ったら、お互いに共通語（東京方言を基礎にしながら、日本国内ならどこでも通用することば）に切り替えて話を続けるでしょう。まさにこれは共通語が日本の公用語になっている例だといえるのではないでしょうか。

　前述のように、私たちはコミュニケーションが円滑に運ぶように、およそ無意識に共通語を用いているだけで、憲法や法律で、共通語を日本の公用語とするといった記述があるとは聞いたことがありません。ただなんとなく、共通語と呼ばれている日本語のひとつの形態を、公用語相当として一般に用いているだけであって、関西弁を法律用語として用いてはならないとか、博多弁を国会の場で使ってはならないという決まりは実際どこにもありません。

　たとえば文科省（当時）の小学校学習指導要領（1998年12月）の中に、「共通語と方言との違いを理解し、また、必要に応じて共通語で話すこと」というのが5、6年生の国語についての記述の中にあります。小学校低学年では、共通語については何も触れられていませんでした。また法律関係では、裁判法第74条に「裁判所では日本語を用いる」という記

載がありますが、ほかにはそれらしきものはありませんでした。国会での使用言語についても気になったので調べてみましたが、いわゆる公用語の規定はありませんでした。

　フィンランド人で日本国籍を取得し、国会議員をしているツルネン・マルテイさんという方に、氏の母語であるフィンランド語を用いて発言できるのか、メールで尋ねてみました。もし何の規定もないのであれば、国籍を取得する定住外国人や、元外国籍の国会議員が増えたときに、彼らの母語で国会の場で発言したいと主張するような事態も起こり得ないとはいえません。政策担当秘書の石井茂氏から返ってきたメールを参考までに以下に引用しておきます。

　　お尋ねの件ですが、参議院議事課に確認したところ、池田様のおっしゃるとおり、法律上の規定はありません。ただ、関連するものでいえば、「条約は翻訳したものを議案とする」ということが先例上あるようです。

　　今まで、このような件で問題となったのは、アイヌ出身の議員のとき一度あるようです（アイヌ語は国際的に話されている英語とは事情は違いますが）。

　　しかし、言論の府といわれる議会において、聞いている議員が分からない、理解できない言語を使用することは、いかがなものかということで、今までは例がないようです。

　　ただ、もし英語で本会議において発言したいと希望する議員がでてきた場合、議院運営委員会の議題にはなるのでは、とのことです。

要するに常識的な判断として、不文律ではあっても日本の国会では共通語を公用語代わりに使用しているといえます。

■英語公用語論とは

　英語公用語論というのが、ちょっと前に話題になりました。正確には故小渕首相の諮問機関である「21世紀日本の構想」懇談会が10カ月にわたって論議し、2000年1月に発表した報告書（http://www.kantei.go.jp/jp/21century/houkokusyo/参照）の中身が事の発端だったわけですが、参考までにその一部を紹介します。

　　…情報技術を使いこなすことに加え、英語の実用能力を日本人が身につけることが不可欠である。ここで言う英語は、単なる外国語の一つではない。それは、国際共通語としての英語で…（中略）…国際共通語としての英語を身につけることは、世界を知り、世界にアクセスするもっとも基本的な能力を身につけることである。

さらに以下のように続きます。

　　…それとともに、国、地方自治体などの公的機関の刊行物やホームページなどは和英両語での作成を義務付けることを考えるべきだ。

　　長期的には英語を第二公用語とすることも視野に入ってくるが、国民的論議を必要とする。まずは…

　　（「第1章Ⅳ．21世紀日本のフロンティア 1．先駆性を活かす(2)グローバル・リテラシー（国際対話能力）を確立する」より抜粋）

　もちろん国際共通語としての英語を身につけることは、まさに今を見据えた現実的選択だと思いますが、これから先も英語が今の地位を保ち続けるという保証はどこにもありません。人が科学技術の進歩に追いつけなくなりそうな今の時代にあって、人工知能の研究、あるいは翻訳ソフトの開発といったものがどんどん進めば、ひょっとすると近い将来、実用レベルでは英語に限らず外国語を学ぶ必要のない日がやってくるかもしれません。また「国、地方自治体などの公的機関の刊行物やホーム

ページなどは和英両語での作成を義務付ける」ために、みんながみんな英語が堪能になる必要などあるのでしょうか。それより良質の専門家を育てるために、しっかり学べる学習環境を整えることの方が大切ではないでしょうか。そしてその方がはるかに合理的ではないでしょうか。

■英語公用語論に対する賛否両論（新潟大学の場合）

　新潟大学の学生にも「日本国内で英語を公用語にする。あなたは賛成ですか、それとも反対ですか。そしてそれはなぜですか」という質問を、私は必ず授業で学生にぶつけることにしています。実際にはこの問いを投げかける前に、一応先に述べたような公用語についての説明は行います。結果はいつもおよそ10対1くらいの割合で、反対派が多数を占めます。つまり学生は、英語の公用語化をそれほど望んではいないということになります。賛成派・反対派それぞれの主な理由をまとめると、表1のようになります。

　学生は、英語が公用語化することによって、日本文化が消失してしまうのではないかという危機感を持っています。それは日本語の乱れを気

表1

賛成派	反対派
●日常的に英語があると、今ほど苦労しなくても英語が使えるようになる。 ●英語力アップにより、日本の文化を海外に向けて誤解のないように発信する機会が増える。 ●英語ができない政治家が淘汰され、国際政治の舞台でも日本の影響力が強くなる。 ●近い将来、ますます海外からの安い労働力が必要になり、そのためにも外国人にやさしい国になる必要がある。	●単純に考えて、いろいろのコストが倍になるので、今以上に財政を圧迫する。 ●昔に比べて外国人が増えたとはいえ、それは都市部での話で、国全体を平均的に見るとまだほとんど日本人しかいないので、必要性を感じない。 ●英語に限らず、外国語は必要な人だけが学習すればよく、それより最近乱れがひどいとあちこちで指摘されている、母語としての日本語学習に力を入れるべきだ。 ●英語を公用語にすると、いずれ日本語・日本文化が駆逐され消えてしまう。

にしていることからもうかがえます。

■国際語とは

　昔、日本には「漢字廃止論」というものを唱えた人がいました。郵便の父とも呼ばれる前島密(ひそか)です。簡単に言うと、漢字を覚えるには手間ひまがかかるのでやめましょうということだったのですが、漢字だけでなく、日本語の文字表記をすべてローマ字書きにしようと言った西周(にしあまね)、南部義籌(よしかず)や、果ては日本人も日本語を捨てて英語を話せという人(森有礼(ありのり))まで現れました。

　これはすべて、欧米列強に追いつけ追い越せとせんがためのアイデアなのです。言うまでもなく世界を引っ張っていたのは欧米諸国であり、彼らは当然日本語を使いません。そんな彼らと対等に渡り合うために、そして日本を国際舞台に押し上げるために「日本語を捨て英語を話す国民にならなければならない」という主張が一部ではまかり通るような時代があったのです。

　今でも英語を自由に使えることが、国際化の必須条件であるかのように思っている人は少なくありません。前にも述べましたが、「21世紀日本の構想」懇談会は「国際共通語としての英語を身につけることは、世界を知り、世界にアクセスするもっとも基本的な能力を身につけることである」と言っています（傍点は著者）。

　もちろん、英語が使えて損なことなどまずないでしょう。個人レベルで考えても、むしろ得なことばかりだとは思いますが、国際化と英語話者を増やすこととは、必ずしもイコールではないということを理解するべきです。言葉が人間の思考や行動様式にさまざまな影響を与えるというサピア・ウォーフの仮説は有名ですが、英語を使える日本人がどんど

ん増えていきさえすれば、「日本はずいぶん国際化してきたなぁ」と、だれもが思うようになるのでしょうか。

　英語＝国際語と信じて疑わないわれわれに、津田幸男という人が『英語支配の構造』(第三書館、1990年)という本の中で面白いことを教えてくれていますので、ここで紹介します。

　　世界は今、英語を話す民族（English-speaking people）と英語を話さない非英語民族（Non-English-speaking people）とに分かれている。そして、国際舞台においては、英語はもっとも支配的な優勢言語として使われ、英語民族と非英語民族とのコミュニケーションは困難を増しているばかりでなく、英語民族が国際コミュニケーションの主導権を握り、コミュニケーションの表現を独占支配している。その反面、非英語民族はその発言を拘束制限され続けており、国際コミュニケーションは英語民族中心の一方的なものになっており、非英語民族はさまざまな不利益を被っている。(第1章　p24より)

この本ではさらに詳しく、英語支配による不平等について具体例を挙げて述べています。言葉に罪はありません。言葉を使う人々の意識が問題なのです。

　英語が今のように国際語になったのは、世の中を動かしている人たちの多くが英語を母語としていたからであって、もっと極端に言えば、世界がアメリカという大国一国の支配下に入ってしまったからだといっても言い過ぎではないでしょう。

■日本語と英語の違い
　ここでは、言語学的に日本語と英語の間にはどのような違いがあるか、簡単に説明しようと思います。
　まず、英語は日本語のように述語が最後に来る言語ではありません。

また、文の成立には常に主語を必要とするという点でも日本語とは大きく異なります。例を挙げて説明しましょう。

　　日：今年はタイガースが優勝した。
　　英：Tigers won the championship this year.

　述語というのは「誰がどうした、何がどうだ」というときの「どうした、どうだ」に当たる部分で、上の例文では太線部分です。日本語では一番最後、英語では２つめに出てくることが分かります。英語に限らずドイツ語、フランス語など、いわゆる西洋語の場合はみんな基本的にこのタイプで、日本語のように述語が最後に出てくるタイプの言語はありません。

　次に点線部分を見てください。英語ではいわゆる主語として、動詞より先に出現しています。ところが日本語の場合は、確かに「タイガースが」は述語より前に出てきて、主語かとも思いますが、それよりさらに前に「今年は」という波線部分があり、「は」が付いているからこっちが主語かしらと思ってしまいます。英語なら普通は、波線部分は一番最後にしか出てきませんから、主語と間違えたりすることはありません。日本語には主語が二つあってもよくて、英語は一つしかダメということかと思ってしまいかねません。一応これは「日本語には一つの文の中に主題（ここでは「今年」）と主語（ここでは「タイガース」）といわれるものが出現可能なのに対し、英語は主語しか出現してはいけないのだ」という説明が、言語学上ではなされます。主題と主語について本当は詳しく説明する必要があるのですが、とりあえず「主題とは大きな話全体のトピックで、主語とは一文の中だけのトピックだ」と思っていてください。主語と主題についてどうしても気になる人は、三上章の『象は鼻が長い』という本を一度読んでみてください。

話を元に戻しましょう。西洋人は多少発音は悪くとも、英語で自分の言いたいことが言える人が多いように私たちは考えます。そして日本人は「英語が下手だ」「何年やっても使えるようにならない」などと言って英語コンプレックスに陥りがちですが、それは必ずしも日本人が英語音痴だからということではなく、言語の構造が根本的に違うからだと考えればいいのです。実際、日本語と同じように述語が最後に出てくるタイプの韓国語であれば、まじめに1年もやれば、日本人ならかなり上手に話せるようになるそうです。残念ながら西洋人はそうはいきません。

語順や、主題と主語という構造上の問題だけでなく、実際に使用している言葉の語源なども西洋語同士では同じものが多く、容易に意味が想像しやすいということも、大きな理由の一つとして考えられます。英語という言語の習得を考えると、西洋人と比べて日本人は最初からずいぶん大きなハンディを背負わされているのです。

また、英語に限らず西洋語にはこんな例もあります。下に愛の告白を3カ国語で紹介しますが、文字だけ見ていると、どれもよく似ているのがお分かりかと思います。カタカナで読み方を書いておきますが、見ての通りそっくりです。イタリア語とスペイン語などは、ちょっと言い方を変えれば同じにさえ聞こえます。

　　　Ti amo. 　　　　　　　　（ティアーモ：イタリア語）
　　　Te amo. 　　　　　　　　（テアーモ：スペイン語）
　　　Je t'aime. 　　　　　　　（ジュテーム：フランス語）

　　（日本語訳は、「あなたを愛しています」）

これは偶然よく似たものだけをこうして取り上げて、ことさらに強調しようとしているわけではなく、ほかにもよく似た表現がたくさんあります。それでもイタリア語、スペイン語、フランス語はそれぞれ別の言

語と考えられていますから、この3種類の言語が使える人は、バイリンガルどころかトリリンガルということになります。
　でも、この程度だったら、たとえば日本人で、
　　　おまえを好いとうばい。　　　　（九州方言）
　　　おまえが好っきゃねん。　　　　（関西方言）
　　　あなたが好きです。　　　　　　（標準日本語）
の3種類が使いこなせるのと大差ないとは思いませんか。西洋人で三カ国語が話せるという人に出会って「この人はすごい」と感心する前に、「私でも九州の方言と関西の方言と標準日本語が理解できるし、おまけに英語もちょっと分かるから私の勝ちだ」と思える日本人が、果たしてどれくらいいるでしょうか。
　少し脱線しましたが、私がここで言いたかったのは、英語と日本語は根本的に異なる言語であって、それぞれの母語話者にとって相手の言語が使えるようになるのは至難の業であるという事実です。そして、西洋語を母語とする人たちは、日本語を母語とするわれわれよりも、英語の習得に費やすエネルギーが圧倒的に少なくて済むという事実なのです。

■日本語の国際語化

　「日本語は英語のような国際語になり得る。あなたは賛成ですか、それとも反対ですか。そしてそれはなぜですか」という問いも、私が学生に必ず試みるものの一つです。学生は、だれも日本語が現在の英語のような地位を得るとは考えていません。ただ、日本を外国の人たちに、ステレオタイプ的にではなく、あるがままにとらえてもらうためには、日本語が国際語化していく必要があると回答する学生は少なからずいます。日本をありのままに写し取って表現する道具として、日本語がもっ

と世界に広まってほしいと多くの学生が考えているようです。英語に限らず、ほかの言語で日本を表現するには限界があって、日本のことを理解してもらうには、まず日本語を学んで理解できるようになってもらって、日本語で日本を知ってほしいということのようです。政治や経済の支配者の言語として国際語化していくのではなく、世界の中の一文化圏である日本についての情報を、過不足なく外に向けて発信する道具として、日本語が広まっていってほしいと願っている学生が多いようです。

先ほど語順が似ていること、あるいは違っていることが言語学習にどれくらい影響を与えるかについてちょっと触れましたが、私の手元にある資料から、英語型の語順を示す主な言語と、日本語型の語順を示す主な言語を、それぞれ10カ国語ずつ表2に紹介します。これを見ると、英語が現在の地位を築きやすい環境にあったことが分かるように、日本語を国際語として今より広めるには、よい戦略が必要だと分かるでしょう。

表2

英語型	日本語型
英語・フランス語・ドイツ語・スペイン語・イタリア語・ポルトガル語・ロシア語・オランダ語・ポーランド語・中国語など	日本語・朝鮮語・トルコ語・モンゴル語・ペルシャ語・ヒンディー語・チベット語・ビルマ語・エスキモー語・バスク語など

私は日ごろ、今まで一度も日本語を学んだことのない留学生に日本語を教えていますが、韓国、ネパール、バングラデシュの3カ国の学生は、少なくとも私のクラスではいつも成績上位に名を連ねています。その一方でフランス、ドイツ、中国などの学生は英語に堪能な者は多いのですが、日本語の成績上位者に名を連ねることは少ないです。まさに日本人が英語ができないという事実と、裏表の関係にあるといえます。

■意識と現実のずれ

　新潟大学の留学生数は約400人（全学生数の約3%）です。彼らのほとんどが何らかの形で日本人と日常的に接しており、その際、お互いに意思疎通を図るためにまず用いるのはことばです。母語の異なる留学生同士のやり取りは英語で行われることがどうしても多いようですが、日本人学生と留学生の間のやり取りは、片言の英語を交えながらではあっても、やはり日本語で行われるのが自然で、一番多いようです。留学生の中には英語で授業を受けて、英語で学位論文を出し、そのまま本国に帰っていく人もいます。しかし、ほとんどの留学生は、せっかく日本で何年間か生活するのだから、できる限り日本語を学習したいと思っています。

　一方、学内の日本人学生に目を向けると、自分は国際人になりたい、あるいはならなければと思っているわりに、「英語ができないから、ことばに自信がないから」という理由で、留学生と行事に参加することをためらっている学生が多いようです。でも本当に留学生と交流したければ、まず自分の言いたいことをできる限りやさしい日本語で表現する努力をすることです。可能な限り直接的な表現を用い、慣用句や修辞的な表現を避け、一つ一つを短い文で表す。そしてそれでもだめなときに初めて英語に頼っても、決して遅くはないでしょう。

■本当の国際化を目指して

　人それぞれが背負っている文化というのは、たとえ同じ国の人間同士でも少しずつ違っています。それをいろいろな形で私たちに見せてくれる良い例がことばです。英語にもアメリカ英語、イギリス英語、オーストラリア英語、南アフリカ英語、インド英語、フィリピン英語などいろいろな形があるように、日本語にも琉球方言、九州方言、関西方言、関

第3章 国際化とことば(1)　43

東方言、東北方言などいろいろな形があります。同じ方言圏の中でも、生活環境が違えばやはり少しずつことばは違ってきます。それぞれ違ったものを背負いながら妥協点を見つけて共存する。それが国際化の理想的なあり方ではないでしょうか。

　自分の周りにいる他人は、時には寝食を共にしている家族でさえも、それを意識するしないにかかわらず、それぞれみんな違った文化を背負っています。そのことを理解して、それが生み出すさまざまな摩擦を最小限にとどめる努力をしてこそ、初めて国際化した社会に生きているといえるのではないでしょうか。きっとそのときには「国際化」という呪文のような語を、人々は口にしなくなることでしょう。逆に、たとえ日本人全員が英語に堪能になっても、「人はそれぞれ違いがあって当たり前だから、言葉でぶつかり合うことを恐れない」という意識をもって行動していかなければ、「国際化」という呪文から逃れられないままだと思います。
　　　　　　　　　　　　　　　　　　　　　　　　　　（池田英喜）

【参考文献】
　石川九楊『二重言語国家・日本』（NHKブックス、1999）
　金田一春彦『日本語』（岩波新書、1957）
　真田信治『標準語はいかに成立したか』（創拓社、1991）
　鈴木孝夫『日本語は国際語になりうるか』（講談社学術文庫、1995）
　田村紀雄『「国境なき労働者」とメディア』（日中出版、1997）
　津田幸男『英語支配の構造』（第三書館、1990）
　津田幸男他『英語支配への異論』（第三書館、1993）
　角田太作『世界の言語と日本語』（くろしお出版、1991）
　三上章『象は鼻が長い』（くろしお出版、1960）

第4章 国際化とことば(2) ―日本語と外国人―

　新潟にやってきた留学生が日本語を使ってほかの人とかかわりを持つことは、留学生にとっての国際化といえるでしょう。そこで留学生、そしてもっと一般的に言えば外国人が日本語を学習する意味を、ここでは考えてみたいと思います。

■「日本語教育学」って何？

　私の専門は日本語教育学です。私の教育にかかわる仕事を振り返りながら、日本語教育学について少しお話をしたいと思います。
　新潟大学留学生センターでの私の1番目の仕事は、留学生に日本語を教えることです。現在、新潟大学には留学生が420名余りいますが、留学生といっても、さまざまな種類の学生がいます。例えば、長くても1年間しかいない短期プログラムの学生、学部に入学して4年間日本人の学生と一緒に講義を受けながら卒業する学生、大学は自分の国で卒業し、日本の大学院の修士課程や博士課程で研究を行って、学位の取得を目的とする学生などさまざまです。また学生ではありませんが、研究員として新潟大学に来た人や、その家族などもいます。これらの人たちに、日本語教育担当の教員たちは、それぞれの留学生活や研究生活が円滑に送れるよう必要な日本語学習の場を提供します。単に日本語を教えるだけではありません。どのような日本語学習が学生たちに必要なのか、コースの設定をします。コースの設定では、どんな内容で何時間ぐらいの授業を行うか、そしてコース終了時の目標など、具体的な内容を決めます。特に学習内容の設定は、論文を日本語で書いて学位を取得しなければな

らない学生たちには、論文を書くことを中心とした日本語作文のコースが重要で、一方、論文は英語で書くけれど実験や共同研究が多い理系の学生であれば、その学生の所属する研究室内でのコミュニケーションのとり方を中心とした「話す・聞く」のコースが重要なので、その点に十分配慮した内容を設定しなければなりません。このように、日本人が勉強する日本語＝国語と、留学生のような外国人が勉強する日本語は非常に異なるものです。

　２番目の仕事は、日本語教師を希望する留学生や日本人学生を対象に、外国語としての日本語を教えるための講義をすることです。内容は日本語教授法、日本語教育の教材研究、日本語教育が現在直面している問題点などについてです。学生たちは、講義を聴講する以外に日本語を教えるための教材を作ったり、実際に日本語の模擬授業をしたりします。

　それから３番目の仕事として「異文化間コミュニケーション」の授業を担当しています。「異文化間コミュニケーション」は一言で言うと、文化背景の異なる人々と、どれだけ相互理解を深めていくことができるかを目的としている授業のことです。「異文化」は、決して「国」に縛られることはありません。同じ日本人同士でも、出身地が違えば文化や習慣は大きく違います。日本人同士でも文化・習慣の違いで摩擦が起きることがあるのですから、「日本の中の新潟」という自分たちが今までいたところとはまったく違う環境や習慣の中で生活しなければならない留学生たちには、新潟という異国に住むというだけで精神的なストレスが生じます。ある文化背景を持つ人と、ほかの異なる文化背景を持つ人たちの相互理解の壁となるものは、語いや言葉の相違だけではなく、それぞれの文化・習慣に従って人々が起こす行動の受け取り方の相違によって、起こることが多いようです。「異文化間コミュニケーション」の授業では

「異文化」や「コミュニケーション」に関して知識を与える一方的な講義だけではなく、学生同士の体験を通してさまざまなことを感じ、自分たちにとって当たり前となっていることをもう一度考え直すことが大切です。

　もう一つの日本語教育学に関係する仕事は、大学院の学生を対象とする言語政策という視点から考える日本語教育史の授業です。「日本語を教える」ということが、社会の大きな枠組みの中でどんな意味があるのかをテーマにしています。言語政策や言語計画は、国を越えた人の行き来がよりいっそう激しくなる近い将来のために、真剣に考えなければならない問題です。

　以上が私の教育に関する仕事で、「日本語教育学」がただ日本語を教えるだけではなく、文化的なことや社会的なことも対象にした学問分野だということが分かっていただけたと思います。さらに、最新の「日本語教育学」は、日本人を対象にした表現技術向上のための教育も念頭において進んでいます。「日本語教育学」について詳しく知りたい方は、青木直子他編『日本語教育学を学ぶ人のために』(世界思想社、2001年)を読んでみてください。

■新潟における地域の日本語教育について

　私が1990年から日本語教育にかかわって10年以上がたちました。今から考えると、最初の2、3年は、「どんなふうに教えると効率よく日本語を教えられるか」ということばかりに関心があったように思います。私自身が「『外国人に日本語を教える』ということはどういうことなのか」ということを考えるようになったのは、ボランティアとして新潟市や新潟近辺にいる定住外国人に日本語を教え始めてからです。

第4章 国際化とことば(2)

　私が日本語ボランティアを始めたのは1994年5月です。その前年の暮れに、纐纈憲子さん（現在新潟ヤポニカ副代表）から、参加者全員が「対等な関係」のボランティア教室をつくってみないかと誘われたのがきっかけでした。その時私はすでに日本語教師をしていましたが、教育機関の教室の限界というのでしょうか、漠然とそういうものを感じているころでした。具体的には、教室の中でよくできる日本語学習者が、教室の外に出て日本語を使う場面では、思うように使えない場合があるのです。私は、教え方や教材に問題があるのかとずいぶん悩みました。これを読んでいるみなさんには想像がつきにくいことかもしれませんが、みなさんが中学校で英語を勉強していたときのことを思い出してください。クラスの中で英語の成績がいい人が、必ずしもほかの人と英語で話すことができるかというと、そうではなかったと思います。つまり文法などの知識をよく理解することと、その言語を使ってコミュニケーションをとることとは違うことなのです。結局、日本語教育も文法などを中心に学習を進めていたのだと思います（ただし、最近の日本語教育機関では、文法中心のクラスとコミュニケーション力を高めるためのクラスと両方で日本語教育を行っているところが多い）。

　そんな日本語教育に行き詰まりを感じていた私は、地域の日本語教室で何か新しい取り組みができるかもしれないという期待がありました。また、教室に参加する人全員が「対等な関係」を持つということにも、教育機関と違う魅力を感じました。こんな理由から話が進んで、日本語ボランティアグループ「新潟ヤポニカ」として活動が始まりました。私は「新潟ヤポニカ」の活動を通して本当にいろいろなことを学びました。以下、日本語ボランティア活動について紹介をしたいと思います。

〈日本語ボランティア教室について〉
　日本国内で日本語を勉強している外国人は何人ぐらいいると思いますか。2001年度の文化庁の調査によると、日本国内における日本語教育の機関・施設数は1,590機関、日本語教員数は2万4,353人、日本語学習者数は13万2,569人だそうです。
　日本語学習者も留学生や就学生、外国人研修生などの専門的な日本語を学習する者のほかに、定住者や日本人が配偶者であるなど、日常生活を送る上で必要な日本語を学習する外国人が増えてきています。また一般の日本語教育実施機関・施設の教員として、ボランティアが1万2,853人もいることが特徴的です。このように、最近、いろいろなところで、ボランティアが運営する外国人のための日本語教室が増えてきました。
〈日本語ボランティア教室ってどこにあるの？〉
　日本語ボランティア教室は、日本語習得が十分ではないと考えている人たちに、ボランティアとして日本語習得のお手伝いをする場で、日本全国いろいろなところで開かれています。もちろん、新潟県下でもさまざまな地域でさかんに開かれています。主に、公民館や地域のコミュニティーセンター、国際交流協会があるスペースなど、公的な空間を利用して活動をしています。ボランティアグループが中心になって活動をしているので、教室はお金のかからない場所で開いています。また、こういうボランティア活動に対して自治体も理解を示し、積極的に公的な場所を貸してくれるというのが現状です。どんなところで教室が開かれているかを知りたい場合、新潟県内なら財団法人新潟県国際交流協会や、財団法人新潟市国際交流協会に問い合わせてみると情報を教えてくれます。また、公民館でもよく開かれているので、問い合わせてみるのもいいでしょう。

〈日本語ボランティア教室で勉強している人はどんな人？〉
　日本語ボランティア教室に来る、日本語習得が十分でないと考えている人たちとは、どんな人たちでしょうか。私たちの教室へ日本語を勉強に来る人たちは、「中国帰国者」といわれる人、日本人と結婚した人、仕事で新潟に来ている人、留学生などです。実はこれ以外にも日本国籍を持っていない、いわゆる外国人が日本国内にたくさん住んでいます。私たちは日本の国際化を考える際に、国内にいるさまざまな外国人の歴史的、社会的、政治的な背景を理解しておかなければなりません。以下、日本語ボランティア教室で勉強している人たちについて話しますが、詳しくは、駒井洋『定住化する外国人』（明石書店、1995年）を読んでみてください。

(1)中国帰国者とその家族
　私は、以前、新潟市内の中学校や小学校に日本語を教えに行ったことがあります。私が教えた子どもたちの中に中国帰国者が呼び寄せた家族の子どもたちもいました。その子どもたちから聞いた話ですが、中学校や高校で日本語がうまく話せなかったり習慣が違ったりして、クラスの友達とけんかしたとき、「自分の国に帰れ」と言われたそうです。中国帰国者自身は日本国籍ですし、呼び寄せた家族である二世や三世たちもすべてではありませんが、日本国籍を取得してして日本人になっている人たちもいるのに、中国帰国者を外国人として見ているのかと思い驚きました。私たちは、「中国帰国者」といわれる人たちがどのような境遇を経て、現在日本にいるのかを理解する必要があります。神奈川県在日外国人教育連絡協議会というホームページ（http://home.att.ne.jp/apple/kana_gairen/index.html）の中に「あるこいりす」というニュースレターがあります。その6号に中国帰国者の会の長野浩久さんの話があります。

以下に少し引用します。

　まず、残留婦人とか残留孤児と呼ばれる人達がなぜ中国に渡ってそして置き去りにされて、そして今、国家賠償という裁判まで国に対して起きていますけども、なぜ50年以上経ってもこの問題を引きずり続けなければならないのか、この根拠は送り出した歴史にあるのです。1936年の広田内閣の七大重要国策というものがあるのですが、開拓移民を20年で百万戸送ろうという大計画を日本の国はぶちあげました。当時の日本の国自体が世界大恐慌とか生糸が暴落して農山村の次男以下は農地も分け与えられないという事態で、満蒙開拓に行けば広大な土地が手に入れられるというふれこみを国が意図的にやるわけです。特に貧農の県はそれに飛びつきまして、大きい場合には村ごとの分村計画といった形で200人、300人の次男三男たちが、または分郷計画といってこれも50人60人といった単位で行くわけです。(中略) つまり、この開拓団というのは中国に渡った時点から日本の国というのは返すということは想定していないんですね、戦後も含めて日本へ返すといった作業をこの国はしてこなかったわけです。
　　　　　　　　　　　　　(『あるこいりす』6号から引用)

　結局、中国帰国者が自分の祖国である日本に戻れるのは、日中の国交が回復する1972年以降です。日本に先に帰った残留孤児や残留婦人などが中国にいる家族を呼び寄せる場合が多いのですが、これらの帰国者家族の多くは生活環境が大きく変わることのストレス、経済問題、子どもや孫の教育、高齢者の老後の保障など多くの問題を抱えています。私が小学校や中学校で日本語の指導をした子どもたちは、帰国者の三世がほ

第4章 国際化とことば(2)　51

とんどです。

(2)日本人と結婚した人

「新潟ヤポニカ」に多いのは、このグループの人たちです。日本人と結婚した外国人と言ってもなかなか想像できないと思います。しかし、1980年以降、日本人と結婚した外国人の状況が大きく変化しています。

この変化はインターネットの国際結婚に関するホームページを見るとよく分かります。例えば、インターネットの検索エンジンで「国際結婚」をキーワードにして検索してみてください。お見合いのあっせんサイトがたくさん出てきます。変化している国際結婚の状況についてもう少し詳しく考えましょう。

1960年代後半までは国際結婚は少なく、夫が外国人（一番多いのはアメリカ人）、妻が日本人という比率が高かったようです。ところが、夫が日本人で妻が外国人という場合がだんだん多くなってきました。表1を見てください。表1は厚生労働省が出している

表1　婚姻件数（人口動態統計より）

国籍	2001年の総数	1989年の総数
総数	799,999	708,316
※夫妻とも日本	760,272	685,473
※夫日本・妻外国	31,972	17,800
妻の国籍		
韓国・朝鮮	6,188	7,685
中国	13,936	3,291
フィリピン	7,160	
タイ	1,840	
米国	175	211
英国	93	
ブラジル	347	
ペルー	142	
その他の外国	2,091	6,613
※妻日本・夫外国	7,755	5,043
夫の国籍		
韓国・朝鮮	2,477	2,589
中国	793	614
フィリピン	83	
タイ	55	
米国	1,416	946
英国	267	
ブラジル	243	
ペルー	135	
その他の外国	2,266	894

人口動態統計の婚姻の部分です。注目したいところは、1989年には夫が日本人、妻が中国人というケースは3,291でしたが、2001年には1万3,936と4倍以上にも増えています。また、1989年には統計としてはっきりとあがっていなかった夫が日本人、妻がフィリピン人というケースも、2001年には7,160と具体的な数字として出てきています。
　新潟の傾向としては、隣の県である山形県と同じように、嫁不足に悩む農村の男性と結婚したフィリピン、韓国、中国の女性が多いようです。
(3)外国人企業研修生
　以前ですが、中国からの企業研修生が私たちの日本語教室に参加していました。今あらためて企業研修生について調べてみました。まず、日本貿易振興会のホームページ（http://www.jetro.go.jp/td/j/asiabusiness/scheme/shokokai-ukeire.html）を見ると、「外国人研修とは、入国管理法で『本邦の公私の機関により受け入れられて行う、技術・技能又は知識を習得する活動』とされており、非実務研修と実務研修に大別され、さらに、研修終了後研修成果等の評価を受け、基準に達すれば技能実習に移行することができる。商工会は、地方自治体や(財)国際研修協力機構（JITCO）などの協力を得て、研修生の派遣元機関との間の研修生派遣契約、及び研修生受入企業との間の研修委託契約に基づき、日本における研修生の日本語や生活習慣等の非実務研修を中心に、研修生受入企業と共に本事業の管理・運営を行っている」とありました。
　また、「全国中小企業団体中央会」というホームページには（http://www.chuokai.or.jp/）先進組合事例集というページがあり、2000年度外国人研修生共同受け入れ事業の中に新潟県の事例が2つ載っていました。一つは新潟東地区鉄工協同組合で、もう一つは協同組合三条経営労務センターでした。纐纈さんは以前、三条市のボランティア教室を見学に行っ

たことがあるそうです。この教室では、日本語を勉強に来る人たちのほとんどが企業研修生でした。三条市およびその隣にある燕市は古くから鋳金(ちゅうきん)技術が発達し、金物やナイフ、フォークなどの洋食器の製造が盛んです。これらの理由により、企業研修生が多いのです。

このように考えれば、日本語教室にどんな人たちが勉強に来ているかということをよくみていくと、その地域の産業の特徴が分かります。

(4)日系ブラジル人・ペルー人労働者

日系ブラジル人・ペルー人の受け入れが多くなってきたのは、1990年に出入国管理及び難民認定法（以下、入管法と略す）が一部改定されたからです。1980年代後半から、バブル期の影響で労働者不足が深刻となり、その不足分を補う策として入管法が改定されました。本来、日本政府は外国人が単純労働を行うことを認めていないのですが、日系人を「日本人の配偶者等」という就労制限のない在留資格で受け入れることにしました。

新潟でも、菓子工場など、ある地域に日系ブラジル人が集まって仕事をしているところがありますが、そのほかに静岡県浜松市や愛知県豊田市、群馬県大泉町なども非常に多くのブラジル人が集住して仕事をしている地域です。これらの都市には大きな製造工場があり、その下請け工場などで仕事をしている人たちが日系のブラジルやペルーの人たちです。現在、日本国内に日系のブラジル人は25万人住んでいるといわれています。これらのほとんどが就労を目的とした、いわゆる「出稼ぎ労働者」とその家族です。

外国人企業研修生のところでも触れましたが、ある地域の日本語教室の参加者に注目することで、その地域の産業の特徴が分かりますし、それらを総合的にみることで日本全体の社会状況がつかめます。

(5)留学生やその家族など

　「新潟ヤポニカ」の教室は毎週土曜日に開いているので、留学生や日本語学校に通っている学生たちも参加しています。特に教室を開いている新潟国際友好会館と新潟大学旭町キャンパス（医学部・歯学部）が近いため、医学部や歯学部の留学生たちが多く参加しています。彼らの話を聞くと、「研究室内では英語でコミュニケーションがとれるので日本語ができなくても問題がない。しかし、病院で患者さんと接しながら日本の医療も勉強していかなければならない。そうなると、日本語がある程度使えることでさらに自分の勉強も深まる。また、生活をしていくためにはある程度日本語を使えることで日本人の友人も増えていく」とのことでした。医学部や歯学部で学位をとる学生たちは、新潟に5年から6年いる場合がほとんどです。最初、学生たちの多くは、研究に来ているのだから日本語学習は必要ないと考えるようです。ところが、家族と一緒に住み、病院での患者さんとのコミュニケーション、ご近所との付き合い、子どもの教育などを考えていくと、やはり日本語でコミュニケーションをとることが必要だと思うようになってくるようです。

■外国人が「日本語を学ぶ」とはどういうことか

　地域の日本語教室について考えると、日本語を学ぶ人は本当にいろいろな目的で学んでいるのだということがお分かりいただけたと思います。ここでは触れませんでしたが、地域の日本語教室には根本的な問題があります。この問題については、岡崎洋三他編『人間主義の日本語教育』（凡人社、2003年）の第一章に詳しく書いてあるので、参考にしてみてください。

　ところで、纐纈さんも私も地域の日本語教室である「新潟ヤポニカ」

の活動を、日本語教室という名前ではなく「新潟の生活を楽しもう」という活動名で呼ぶことにして、参加者全員の対等な関係に重点を置き、従来の日本語教室という考えを取り除こうとしました。参加者が全員で活動を行うことで、いろいろな場面で日本語を使う機会が生まれ、この経験を日本語習得に役立ててもらおうという考えです。

　自分の本当に言いたいことを相手に聞いてほしいとき、また、本当に知りたいことを相手から聞きたいとき、そのときに初めて学んでいる言語が上達するのではないでしょうか。また、日本人参加者は（私も含めてですが）、外国人を含むすべての参加者と話していく中で、今まで「当たり前」に思っていたことがどうも違うことに気付きます。

　例えば私は大阪出身ですが、新潟では大阪の常識が通じないことがよくあります。時には、私の行動が新潟の人にとって「変」に思われたりする場合もあります。このことに今まで気が付かなかったのですが、地域の日本語教室で日本人参加者と話し合っていく中で、気付く時があります。そして、「変」に思われてもいい、私らしさなのだから変えないという場合と、より円滑に交渉を進めていきたいので新潟流の習慣を使ってみるという戦略的な方法を選ぶ場合とがあります。また、気付くのはよそ者である私だけではありません。ずっと新潟にいる人も、あの人（＝よそ者）の行動は変だと思っていたが理由を聞くと理解もできるということが起こります。

　先に述べた「異文化間コミュニケーション」教育はアメリカ合衆国で始まりましたが、「殺し合いたくなければ異文化間コミュニケーションを学べ」というキャンペーンすらあったといいます。「知らない人は怖い人、自分に何をするか分からない」という考えを持つのも仕方がないことかもしれません。このように、知らない人と打ち解けるのはとても大

変なことです。また一方で、すべての人と仲良くするというのも気持ちの悪いことです。

　このような矛盾はありますが、グローバリゼーションが進む中、私たちは近い将来いろいろな人たちと何とかやりくりして、付き合っていかなければなりません。そのための道具の一つとして「ことば」があるのだということを理解してください。

　「ことば」は、コミュニケーションをとるための、たくさんある手段の中の一つです。ときどき地域の日本語教室に勉強に来る人の中に「日本語さえできれば日本社会に受け入れてもらえる」と考えている人がいます。しかし、これは2つの点で間違っています。まず、「日本語」ができてもうまくコミュニケーションができない場合があるのです。新潟にいる大阪出身の私がいい例です。次に「受け入れてもらう」という考え方は間違いです。新潟が真の意味で「国際」都市であろうと目指すのなら、もともと住んでいる「新潟人」も新しく来た人たちとよく知り合って、何とか「みんな」で新しいコミュニティーをつくるよう努力しなければならないのです。その意味で「日本語を学ぶ」ことの目に見えないさまざまな「裏」の状況を、私たちはずっと考えていかなければなりません。「日本語」はコミュニケーションの道具の一つで、それ以上でもそれ以下でもないのです。

（足立祐子）

【参考文献】
　青木直子他編『日本語教育学を学ぶ人のために』（世界思想社、2001年）
　岡崎洋三他編『人間主義の日本語教育』（凡人社、2003年）
　駒井洋『定住化する外国人』（明石書店、1995年）

第5章　国際化という経験　―異文化との出会いの方法―

　私は28年前にフランスに留学し、それがきっかけとなって通算12年間海外で生活しました。今は大学で各国の留学生と地域の人たちとのさまざまな交流を企画したりしていますが、海外生活で経験したたくさんの人たちとの出会いが原点となっています。この章では、皆さんが海外に留学する時に経験するさまざまな出会いや、日本に来ている留学生が体験する異文化との出会いについてお話ししたいと思います。

■海外留学のすすめ
〈遠い外国〉
　私の「留学生と日本の国際化」という講義の初めに130人の学生にアンケートを取り、海外旅行を含めて海外での経験の有無を尋ねたところ、「なし」と答えた学生が約6割でした。その学生に、留学について将来の計画や希望を尋ねると6割以上の学生が「希望あり」と答えています。
　新潟県の年間の海外渡航者数は1,000人あたり68.4人（2001年度）、全国で39位です。人口の転出率、転入率が全国46位とほぼ最下位の水準にあるように、国内でも人の移動が極めて少ない土地柄です。だからといって、新潟で学ぶ大学生が「留学」や「国際化」に関心がないということではないと思います。

〈語学上達の秘けつ〉
　留学の目的はいろいろありますが、与えられたチャンス・時間を最大限生かすことは、長い人生にとって無駄ではないと思っています。私の場合、フランスで仕事をする上で不自由なく意思疎通ができるようにな

ること、というのが目標でした。
　フランスに着いた翌日には、パリからスイス国境に近いブザンソンという町への片道切符を渡されました。大学附属の語学学校と寄宿舎には書類が送られていて、1年間は月1回のレポートと居場所さえ報告しておけば何をやってもいいとのことでした。ただ一つだけくぎを刺されたのは、「日本人とは、できる限り付き合わないように」ということでした。
　異国の田舎町で一人生活をしていると、同じ境遇にいる日本人からいろんな誘いがあります。寂しくても1年間は、ということで日本語を使う機会をあえて避けることとしました。この結果、フランス人の中で生活する機会が増えてフランス語の上達につながりました。
〈出会いは大切に〉
　フランス語の集中コースで、日々5時間の2カ月特訓を受けてようやく慣れてきたころ、周囲で異変が起こりました。大学の寮に入っていた同僚が次々といなくなっていくのです。秋学期に帰ってくる正規生に部屋を明け渡す必要があったのです。異国で住居が定まらないほど不安なことはありません。荷物をまとめて慌てて町の下宿を探し回りました。町の中には学生用の部屋はまったくなく、やっと見つけた一枚の「寄宿人募集」の紙を手に、町はずれの山の上に一軒家をようやく探し当てました。肌寒い秋の気配漂う夕暮れでしたが、小犬とともにリンゴ畑を横切って出てくれたマダムに会えた時は、本当にほっとしました。
　このマダムとの出会いは、その後、私たち家族の4度にわたるフランス滞在の中で、「フランスのお母さんと呼んでほしい」といわれるまでの親しい交際になりました。子どもたちを連れての訪問や、日本からの友人も連れて行きました。彼女が老人ホームに入ってからは、町一番のレ

ストランで地方の名物料理であるイワナを一緒に賞味したこともあります。パリでもフランスの家族とのいろいろな交際はありましたが、田舎の人情の豊かさは格別です。これはどこの国でも同じことのようです。
　私のいる留学生センターでは、大学院などに入学前の予備教育の留学生が到着する季節になると、大学の教官と日本人学生ボランティアが「お出迎えサービス」を行っています。フランスの留学経験からは想像もつかない手厚いもてなしです。「新潟は安全な町なのだし、留学生はもう大人なのだから出迎えは必要ないのではないか」と、いつも議論になります。私も当初は反対の立場でしたが、駅で出迎えを受けた留学生が、その時の気持ちを後々まで語ってくれると、「出迎えてあげてよかった。すべて最初が肝心」と思うようになりました。初めて日本にやってくる外国の学生は、大なり小なり不安を抱えています。何年たっても忘れないのは、最初の「出会い」ではないでしょうか。
　新潟人は人情が深いといいますが、最初の第一歩がなかなか踏み出せないともいいます。思い切って留学生に話しかけてみてください。
〈サバイバルのための語学〉
　留学して何が違うのかと問われれば、実践力と自己管理力が備わってくるということでしょう。言葉の通じない環境は限りなく寂しく、不安なものです。それがゆえに、相手の言っていることや、周りでこれから起ころうとしていることを必死で理解しようと試みます。そうすると、雰囲気や人の表情から身に迫った危険や、自分に都合の悪いことは察することができるはずです。
　私の場合、学校の寄宿舎を追い出されるのではと感じたのは、周りの雰囲気からでした。問題を理解し始めると、その解決に向かっての言語能力は自然と身につくものです。最低限の単語と辞書で調べた言葉を頼

りに、相手に向かってイエスかノーかの答えを求めればいいのです。一人で生活すると、サバイバルのために実践的な「コミュニケーションとしての語学」は自然に修得できるものです。

　ヒアリング（聞き取り）の問題があります。イエス、ノーくらいは聞き取れても、複雑な問題を早口でしゃべられれば、お手上げです。特にフランス人は、相手が外国人といえども会話の速度は落としません。ヒアリングの解決方法としては、自分を強制的にその外国語の世界に浸すのが一番です。その言葉を浴びるように自分を置くのです。私の場合は、下宿のマダムと朝・夕の食事を共にし、夕食後もテレビニュースを一緒に解説付きで見るという、語学修得には極めて恵まれた生活でした。夜中でもフランス語が頭の中で飛び交って逃げ出したくなるようなこともありました。でも、その国の言葉で夢を見るようになれば一人前といわれました。

　発音の問題ですが、多数の外国語には日本語にはない発音が含まれているといわれています。外国生活をすると、現地で生まれ育った子どもから「パパ、ママの話す言葉は分からない」といわれるのをよく耳にします。私の長男は幼稚園から小学校の3年までフランスの現地校に通っていたので、彼の話すフランス語の発音は私にはまねできません。欧米言語のVとBの区別などは自然に身についてしまっているようです。大人になって始めた外国語は発音・聞き取りに大きなハンディがあります。私の場合は、思い切って町の合唱団に入ることにしました。コーラスというのは、各音声部（パート）が同じ音と歌詞であれば、同じような発音・発声を求められます。練習を何回となく繰り返すので、音階が分かってきたらその次の練習では隣の人の発音をまねるように努力しました。こうして何とか現地の人の歌をじゃましないで、フランス語の発音をま

ねることができるようになりました。

　新潟でもいろいろなグループやサークルに留学生が参加しています。趣味を生かしてそれが言語の習得につながれば一石二鳥でしょう。日本に来る留学生は日本の伝統音楽や武道などに大変興味を持っていますので、ぜひ、学内あるいは地域のサークルに一緒に参加して、日本語を話す機会をつくってあげてください。

〈「異文化コミュニケーション」の秘けつ〉
　一般的に日本人は外国人を前にすると、緊張して話したいことも話せないという傾向があるようです。学内ですれ違ってもなかなか話しかける勇気が出てこないようです。新潟の人は一般にシャイだ（恥ずかしがりやでおとなしい）と言われますが、大学での学生の行動をみているとうなずけるところがあります。

　アンケートで学生に留学生と接しようとする時の障害について尋ねたところ、圧倒的に「言葉」の問題を挙げています。欧米や英語を日常的に使っている国の学生との間でのコミュニケーションでは、英語での「会話力」に不安を感じ、中国や韓国などの非英語圏からの留学生との間では、逆に英語が通じないという障害を挙げています。

　異文化間でのコミュニケーションと、言語の関係をどう考えればいいのでしょうか。私はまず、その土地の言葉で意思疎通することを試みるべきだと思っています。日本においては、日本人学生と留学生の最大公約数の共通言語は、まぎれもなく「日本語」です。であれば、英語をわざわざ気負って使う必要はないのです。英語を使おうとすると、習った「発音」「文法」が気になってコミュニケーションの機会を逸してしまいます。留学生と積極的に交流したいという人の中には、「英語がうまくなりたいから」という理由を挙げる人もいます。これを手段でなく目的と

すると留学生にも迷惑になります。自分から与えることのできるものを持って交流する中で、外国語は副次的に上達するものです。

〈危機管理の心構え〉

　新潟は、日本の中でも安全な場所だと思います。山間部にホームステイなどでおじゃますると、つい最近まで玄関のかぎはかけなかったという話も聞きました。留学を含めて海外生活で一番神経を使うのは、身の回りの安全や持ち物の保全を確保するための危機管理についてです。私の授業で、海外でのスリや泥棒の「怖い経験」を話すと、とても興味を持って聞いてくれる半面、あとでアンケートを見ると、「やっぱり海外は怖いから留学はしない」と書く学生もいます。

　海外で生活していると、日本からの旅行者はすぐに分かります。バッグを片方の肩から下げ、両手にお土産を下げて大通りを歩いています。その道のプロから見ると、日本人の旅行者はスキだらけなのだそうです。パリでは長く住んでいる人でも自宅近くでひったくりに遭うことが多いので、バッグは必ずたすきがけ、お土産で両手がふさがっていればバッグはおなかの前に抱えるように持って歩いています。「プロの泥棒に狙われたらどうしようもない」ともいわれますが、スキを見せない、狙われないためのノウハウは必須条件です。私の経験では、「街を歩く時も周囲に気を使い、不審者に対しては相手を監視していることを意識させる」「一人で外国の町を歩く時よりも、複数で行動している時の方が油断があり、狙われやすいので注意する」「現地の人が行っている自己防衛のノウハウを知っておく」そして、「過信は禁物」といったところでしょうか。

　以上を参考に、皆さんも、ぜひ「留学」を検討してみてください。

第5章 国際化という経験　63

■留学生と地域社会
　次に、新潟大学が受け入れている留学生の、日本におけるさまざまな「出会い」をご紹介します。
〈日本人学生と留学生〉
　新潟での授業で感じたのは、学生はおとなしく極めてまじめだということです。地理的にも新潟県を中心として近隣県からの学生が多いのですが、新潟人の特徴としていわれている「根は強いがおとなしい性格」が授業でも感じられます。
　「留学生と日本の国際化」という授業では、「国際化」についてのアンケートやレポートを提出してもらうのですが、その中で気になることがいくつかあります。日本人の学生は、留学生と日常的に接したことのない人が大半です。私たちの授業を受講する日本人学生は、「留学」「留学生」「国際化」に興味を持っている学生ですから、この結果は気になります。でも、4カ月間の授業が終わるころの感想文では「今後は、積極的に留学生に接したいと思う」「ぜひ、留学生してみたい」という学生がほとんどになって、授業のやりがいがあったとひそかに喜んでいます。
〈留学生の存在と役割〉
　レポートでは「私と国際化」というテーマを与えて、国際化を「促進するもの」「阻害するもの」を挙げて考えてもらうこととしました。「語学」に関する事柄を、促進するものと考えている学生が一番多かったのですが、一方で、それを阻害要因ととらえる人もいます。また、自分自身の「こころ」（意欲、積極性）の問題を取り上げて、「コミュニケーションへの意欲」が、国際化には大切だと感じている学生も多く見られました。また、国際化を促進するものとして「留学生の存在」を挙げたレポートが多数みられました。授業は留学生も多く聴講していて、討論の場に

なると積極的に発言があり、日本人学生にとっては大いに刺激になっています。

クラスのある留学生が書いたレポートの中に、「交流を通じて『違い』と『同じ』をたのしみ、さまざまな付き合いの過程では、価値基準をおしつけることのないように気をつけなければならない。…『みんなちがって、みんないい』とは、それぞれの違いを認め合い、尊ぶことから、新しい出会いが始まり、互いの支えあいに結びついていくと考える」という文がありました。そして具体的に、「近所で出会った外国の人にあいさつをしてみよう」「外国人の友達にその国のことをたくさん教えてもらおう」「毎日の暮らしと、世界中の人たちとのかかわりやつながりを学校や家で勉強してみよう」と日本での留学体験から、身近なところからの交流を提案してくれています。

大学では、せっかく多くの留学生が学んでいるのですから、異文化体験をもっと伝えるために、留学生と日本人学生が共に聴講できるような講義を増やしていくべきだと思っています。

〈留学生の地域交流活動〉

新潟では留学生と地域とがかかわり合う機会が数多くあります。新潟は古くからの港町で、市民の国際交流への関心は極めて高いものがあります。新潟県には民間国際交流団体が183団体もあります（2003年4月現在）。また、このうちの多くは市民の中から生まれたNGO、NPOなどの組織で、さまざまな活動をしています。従来は、それぞれのグループがばらばらに活動していたのですが、2002年7月に、46の団体と県や市が協力して、これらを横につなぐ「にいがたNGOネットワーク」が設立され、活発な活動をしています。留学生が「お客さん」として参加するものから、地域の行政の支援を受けて、留学生自身が企画し実行するイベ

第5章　国際化という経験　65

ントまで、数多くの行事があります。
〈山古志村・まぼろしのもち米「梅三郎」プロジェクト〉
　新潟県には山古志村という村があり、ここには自然が豊かで美しい棚田が残されていて、千年にわたる伝統をもつ牛の角突きなど日本の原点を残しています。小千谷市から東に車で30分足らずのところです。この山古志村の休耕田を利用し、留学生が村の人たちと一緒に、まぼろしのもち米「梅三郎」を育てています。そもそも、過疎から廃校に追い込まれた小学校の校舎と、すぐ近くの教員宿舎が空き家になっていたものを留学生などのために使えないかとの話が、同村出身の先生からあったのがきっかけでした。これを大学の留学生センターが「山古志村プロジェクト」として立ち上げました。
　このプロジェクトは、5月、ウグイスの鳴く棚田での田植えに始まり、9月には炎天下で留学生・日本人学生が参加して、村の人たちと一緒に稲刈りをします。実った稲は手刈りし、自分たちで結ったわら縄で「まるけて」（丸く結って）、急こう配の杉の幹の間に「はさ架け」（自然乾燥）します。農作業の後の交流会は、村を挙げての小さなお祭りとなり

山古志村「稲刈り」（2002.9.1）　　　　村での交流（2002.9.1）

ます。「来年の春には古い田植え歌をぜひ聞かせてください」「今日、生まれて初めて外国の人と話した。短い間で学んだ留学生の日本語にはびっくりだ。来年もぜひ来てくれ」といった会話で、お酒もお国自慢も盛り上がります。冬の山古志は3メートルを超える雪に覆われます。春・秋に育てたもち米でもちつきをし、かまくらを作って夜通し語り合いながら、もちをほお張るというのがこのプロジェクトです。

留学生にとって、このように日本の伝統・文化を通して地域の人々と交流できれば、日本での滞在が忘れ得ない有意義なものになります。留学生が村の人と一緒に働き、自分の学業について語り、お国自慢も交えての交流は、双方の理解を深めるとてもいい機会になっています。

〈新しく入ってくる留学生〉

前にお話ししたように、留学生センターに大学院などへの入学前の、予備教育の留学生がやってくる時期になると、教官や「国際ボランティアサークル」の日本人学生が手分けして新潟駅や新潟空港へ出迎えに行き、一日も早く新潟における日本の生活に慣れるように、キャンパスツアー、お花見ツアー、バザーなどが催されます。

「田植え」「稲刈り」は、新入の留学生が、住居を構え新潟の生活が一段落した1カ月目、そして「サバイバルの日本語」をある程度修得した5カ月目に行われます。この間にも、地域のボランティアの皆さんによるホームステイや運動会、そして夏の「民謡流し」など、行事が盛りだくさんです。さわやかな季節の5月、6月の土曜、日曜には行事が重なることがありますが、かけもちで参加する留学生もたくさんいます。

中でも、ヒッポ・ファミリークラブによるホームステイのプログラムは、大変人気のある行事です。毎回、留学生と受け入れ家庭からの双方の感想文をいただいています。ホームシックにかかっていた学生から

は、感謝の言葉があふれています。大学院の学生で家族を呼び寄せている留学生が家族そろって参加すると、これがきっかけとなって、滞在している間ずっと世代を超えた交流が生まれます。

〈教えるは学ぶのはじめ〉

留学生の持っている言語、文化面でのノウハウを短い時間で吸収したいとの発想から、小中学校の「総合的な学習」の中で留学生と国際交流をしたいという希望があり、多くの派遣要請が寄せられています。

小中学校の児童・生徒にとって、留学生からじかに外国の生活・文化の紹介を受け、疑問点などを質問できることは、新鮮な異文化体験が教室で実現できることとなります。また、留学生が実際に教室でそれぞれの国のことを話したり、一人ひとりに英語で話しかけて会話をしたりすると、自然にコミュニケーションの方法を修得する効果もあって大きな刺激となっています。「教えるは学ぶのはじめ」と言いますが、留学生にとっても、日本の地域の教育現場に直接触れ、日本語で自国を語ることは、より高度な日本語の修得とより深い日本理解につながることになります。

〈文化変容のカーブ〉

異文化と異文化が出合う場合、ある一定の心理的変化や社会的変化が生じやすいといわれています。いわゆる、カルチャー・ショックと呼ばれるものです。カルチャー・ショックを体験して、環境に適応しようとして新しいネットワークに組み入れられていく過程で、図1のような「文化変容のカーブ」を描くといわれています (1986 Furnham and Bochner『文化変容のカーブに関する研究』に詳しい)。この「文化変容」の過程で、「山古志プロジェクト」のような機会で日本独特の文化を体験し、地域の住民と対話を行うことや、ホームステイで自分の悩みを直接家庭で打

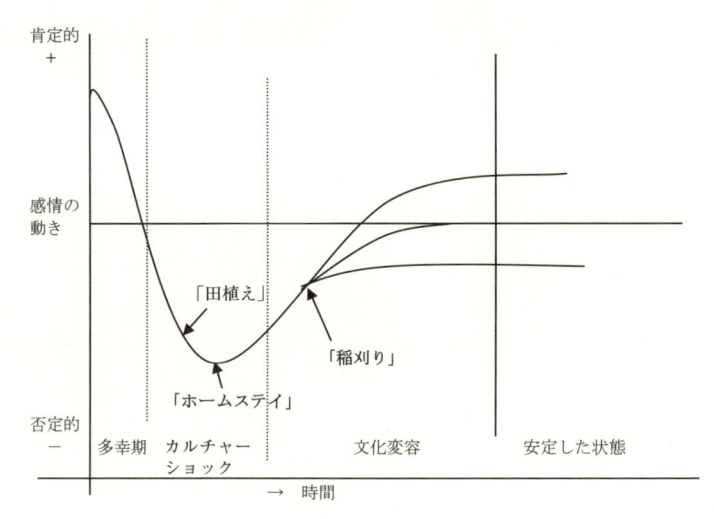

図1　異文化への適用モデル「文化変容のカーブ」

縦軸：感情の動き（肯定的＋／否定的−）
横軸：→ 時間

曲線上のラベル：「田植え」、「ホームステイ」、「稲刈り」

段階：多幸期／カルチャーショック／文化変容／安定した状態

ち明ける機会を提供することが、その後の変容カーブを上方に向ける一つの大きな手段だと考えています。

　留学生センターでは、留学生を通じた数々の国際交流の場を提供しています。学校のほかに地域の公民館の国際理解講座やボランティア団体が主催の国際フェアなどへの参加も盛んです。歌や踊り、楽器の達人もいますので、県や市の国際交流のイベントなどでも活躍しています。留学生を地域の貴重な「宝」と考え、双方にとって身近に異文化に接することのできる貴重な国際交流の「資源」と考えることで、「新潟の国際化」がもっと進んでいくものと考えています。　　　　　（阿波村　稔）

【参考文献】
　G.ホーステッド『多文化世界』有斐閣（1995年）

あとがき

　新潟大学留学生センターは、五十嵐キャンパスの総合教育研究棟というところにあります。ここは大学の中心地に位置し、毎日毎日多くの留学生の姿を見ることができます。大学の中心部に留学生センターがあるということは、多くの日本人学生もまた留学生と接する機会が多くなるということです。留学生センターは1997年に設置されました。当初200名ほどでしたが、今では400名以上の留学生が学んでいます。センター長のほか、教授・助教授合わせて5名が勤務しています。留学生全体の教育や生活指導、日本人学生の海外留学、地域の国際化など多様な役割を担っています。

　ここ数年来、日本の社会の中では明らかに大きな変化が見られます。それは外国人が日本の社会の中に入ってきたことです。スポーツ選手はともかくとして、外国の企業が日本国内のあちらこちらに進出し、社長も外国人のところが珍しくなくなりました。インターネット時代、いわゆるIT社会を迎えて国際的な壁がなくなりつつあることも、外国人が日本の社会に入りやすくなった原因の一つかもしれません。ただその大きなけん引の役割を果たしたのは、やはり留学生でしょう。日本の歴史を振り返るまでもありませんが、遣隋使、遣唐使の果たした役割を考えてみれば分かることだと思います。

　1983年8月に「21世紀への留学生政策に関する提言」、および翌年9月に「21世紀への留学生政策の展開について」という有識者からの提言がありました。これを受けて文部省は「留学生10万人計画」を策定し、21世紀初頭には10万人の留学生を受け入れることを目指しました。この政策によって留学生の数は飛躍的に伸びたといえます。さらには産業界の

要請にもあるように、急速に進む少子高齢化の社会の中で労働力不足が深刻化し、経済の沈没を防ぐには外国人労働者の受け入れしかない（『ニューズウィーク』日本版2003年8月6日付）、ということも外国人が増えた大きな要因でありましょう。

　このような中で新潟大学留学生センターでは、2001年から留学生だけの授業ではなく、日本人学生をも含めた「留学生と日本の国際化」という授業を開講しました。幸い教員の多くは留学経験者でありましたし、その経験をもとに肌で感じた「国際化」というものを学生たちに伝えようとしてきました。また新潟大学の公開講座や駅南キャンパスなどで行われているセンターの学外講座などを通じて、一般市民を交えて新潟の「国際化」というものを考えてきました。「国際化」とは何だろうか。「国際化」を促進させるのは、どういう要素だろうか。また阻むとすれば、それは何であろうかと。このようなコンセプトのもと私たちは、留学生をめぐる法的な問題や、留学生の中で最も多い中国人留学生の苦悩、また「国際化」をめぐる言語の問題や地域における日本語教育の問題などを通して、国際化の問題を考えてきました。さらにこの問題を踏まえた上であえて「留学」すること、および異文化との出会いとは何かを考えたわけです。

　今回「ブックレット新潟大学」で私たちの考えの一端を紹介できることは、望外の喜びです。外国人問題は決して頭の中だけでは理解できません。常に自分のこととして考えていただければ幸いです。

付記：脱稿後、「留学生問題と大学の国際化」（『白色白光』第5号、龍谷大学人権学習誌）という題名の小冊子を見る機会を得た。留学生問題を人権問題ととらえていることに共感を得るとともに、参考にできなかったことを残念に思う次第である。

　　　　　　　　　　　　　　　　　　　　　　　　　　　（柴田幹夫）

■著者紹介（執筆順）

　南方　　暁（みなみかた・さとし）
　　　1948年　東京都生まれ
　　　専門　　法社会学・家族法
　　　現在　　新潟大学留学生センター長・法学部教授

　柴田　幹夫（しばた・みきお）
　　　1955年　大阪府生まれ
　　　専門　　中国近代史
　　　現在　　新潟大学留学生センター助教授

　池田　英喜（いけだ・ひでき）
　　　1964年　奈良県生まれ
　　　専門　　日本語学および日本語教育学
　　　現在　　新潟大学留学生センター助教授

　足立　祐子（あだち・ゆうこ）
　　　1956年　大阪府生まれ
　　　専門　　日本語学および日本語教育学
　　　現在　　新潟大学留学生センター助教授

　阿波村　稔（あわむら・みのる）
　　　1948年　広島県生まれ
　　　専門　　国際金融論および異文化経営学
　　　現在　　新潟大学留学生センター教授

ブックレット新潟大学21　留学生と新潟の国際化
（りゅうがくせい　にいがた　こくさいか）

2003年10月20日　初版第1刷発行

編　者──新潟大学大学院現代社会文化研究科
　　　　　ブックレット新潟大学編集委員会

著　者──南方　暁・柴田　幹夫 ほか

発行者──竹田　武英

発行所──新潟日報事業社
　　〒951-8131　新潟市白山浦2-645-54
　　TEL 025-233-2100　　FAX 025-230-1833
　　http://www.nnj-net.co.jp

印刷・製本──新高速印刷㈱

©MINAMIKATA, Satoshi & SHIBATA, Mikio　Printed in Japan　ISBN4-86132-007-0

「ブックレット新潟大学」刊行にあたって

　科学と技術がめざましく発展した20世紀は、同時に、戦争と動乱の世紀でもありました。地球規模の戦争は2度にわたって起きました。局地的な戦争や動乱は、数えあげることができません。

　21世紀に入っても、事態が好転する兆しはみられません。それどころか、市場と情報によって世界がより一層緊密に結ばれるようになったのにともない、社会面、文化面での摩擦はさらに顕在化しつつあります。私たちは、平和と繁栄を築いていくためのシステム、人間と自然が共に生きていくシステムを新たに構築する必要に迫られています。

　新潟大学では、現代社会文化研究科という博士課程の大学院が、このような「現代」の課題を念頭におきつつ、「共生」をキーワードにして、新しい社会と文化のシステムを構想する仕事をしています。私たちは、貴重な自然環境を守りつつ、お互いの歴史と文化を尊重して、人間と人間、人間と自然が「共生」しあえるシステムを確立しなければなりません。

　本シリーズは、現代社会文化研究科がおこなう教育研究活動の一端を、社会に向けて発信するために刊行されました。ブックレットというのは、小冊子という意味です。ページ数はなるべく少なく、文字はできるだけ大きく、写真や図を使って視覚にも働きかける、といった読みやすさを優先して、この形式を選びました。

　それぞれのブックレットは、中高生から社会人までの広範な読者を念頭において執筆されています。私たちは、この試みを地域貢献活動の一つにしたいと考えています。本シリーズをお読みくださった方々が、私たちの教育研究活動を温かくかつ厳しく見守るようになってくださることを心から願っています。

2002年2月

新潟大学大学院現代社会文化研究科
研究科長　藤井隆至